JN412451

복음적 관점에서 본 창세기

복음적 관점에서 본 창세기

이 성 배 목사

문서사역
|종|려|가|지|

추천사

집이 있는 것이 보인다면 그 집을 건축한 사람이 있다는 사실과 함께 그 사람에 대하여 궁금해져야 하겠지요. "당신은, 도대체 어떤 의도로 이렇게 멋스런 집을 지었습니까?"
이런 물음이 던져져야만 당연하다고 봅니다. 이걸 크기로 말한다면 지어진 집보다는 그 집을 지은 사람이 더 크다고 말할 수 있을 겁니다.

목회자가 설교를 한다고 할 때, 우리는 그가 설교로 풀어놓은 성경에 관심을 갖게 됩니다. 설교보다 그 설교를 준비하도록 해준 성경에 가치를 두기 때문입니다. 그리고 여기에서 더 우선적으로 주목되어야 하는 것이 있는데, 성경의 원작자이신 하나님께 대한 관심입니다. 집대성된 성경이 집이라면 그 성경을 쓰신 하나님이 계시지요.
그러니까 성경을 대할 때, 가장 중요한 것은 하나님에 대한 인식입니다. 하나님께서 하신 일들은 그 다음에 와야 한다고 봅니다. 만일 하나님을 안다면 그가 행하신 일들은 자연스럽게 이해가 되고, 확인이 될 것입니다.
그런 의미에서, 이성배 목사님께서 펴 내시게 된 『복음적 관점에서 본 창세기』는 설교와 하나님의 관계를 정확하게 응답해주고 있는 메시지라 할 것입니다.

오직 그리스도만을 보기 원하는 이 목사님의 심정을 느껴볼 수 있었습니다. 창세기는 시대적으로 이스라엘의 선민사라 볼 것입니다. 그러나 하나님께서는 이스라엘이라는 민족을 일으키시면서 예수 그리스도, 우리의 구원자를 계시하시기를 원하셨습니다.
다시 오시겠다고 약속을 하시면서 승천하신 주님께서는 그를 따르는 교회에 성경을 남겨 두셨습니다. 이 성경이 주님에 대하여 증거하는 것이라는 것입니다. 그렇다면 우리는 성경을 볼 때마다 예수님을 만나야 합니다. 예수님께로부터 말씀을 들어야 한다고 봅니다. 신실한 목사는 설교를 은총의 도구로 삼아 예수님을 보여주어야 할 것입니다.
바로 이 점을 이성배 목사님은 분명히 알고 계십니다. 그래서 이 설교집을 추천하는데, 주저하지 않았습니다. 설교와 예수님의 관계를 명쾌하게 보여 주셨습니다.

지금도 예수님께서 지상에 계시면서 우리에게 천국복음을 선포하신다면 인간의 설교는 필요 없겠지요. 그런데 예수님이 지금, 우리에게 계십니다. 바로 설교입니다. 주님께서는 설교라는 옷을 입으시고 우리에게 계십니다. 목회자의 설교라는 수단을 통해서 그의 사랑하시는 백성을 만나고 싶어 하시는 주님이십니다. 저는 모든 설교자가 예수님의 대언자라는 사실에 동감해 주시기를 기도하고 있습니다.

『복음적 관점에서 본 창세기』가 한국 교회에 주님을 보여주는 도구로 사용되기를 원합니다. 여기에 수록된 말씀을 통해서 예수님께서 더 많은 사람들을 만나주시기를 원하면서 몇 자 적어보았습니다. 하나님께 영광을 드립니다.

김은호 목사

한국성서대학교 구약학 교수, 성서대학교회 담임

머리말

요즘에는 성경의 내용을 다룬 좋은 책들이 많이 있습니다. 또한 성경을 잘 풀이하고 우리 삶에 알맞게 적용시키는 목사님들의 설교도 쉽게 들을 수 있고, 읽을 수 있습니다. 이런 상황에서 제가 책을 펴낸다는 것은 부끄러움을 감수해야 하는 일이었습니다.

그럼에도 부족한 저의 결과물을 내놓은 이유는 단 하나입니다. 비록 아름다운 문장으로 글을 풀어내지 못했더라도 엄청난 주해를 통해 만들어낸 매끄러운 결과물이 아니더라도 조금 둔탁하고 무식해보일지라도 성경을 예수님으로만 보는 책 하나쯤은 있어야 한다는 생각이 바로 그 이유입니다.

제 목회는 현대를 살아가는 사람들에게는 둔탁해보일지도 모릅니다. '감동' 과 '감정' 을 최대한 배제한 채 목회를 하기 때문입니다. 저의 설교와 책도 비슷합니다. '요령' 도 없고 '재미' 도 없습니다. 사실 저에게는 그러한 것을 사용할 수 있는 능력 자체가 없다고 말하는 것이 더 옳을지도 모르겠습니다. 한 가지 제가 잘하는 것은 성경을 '오직 예수' 로만 보려고 노력하는 것입니다. 그리고 성도들이 '오직 예수' 만 잘 알 수 있도록 설교하는 것입니다.

이 책 역시 같은 의도 즉, 창세기를 통해 많은 이들이 '예수 그리스도'를 알기를 원하는 마음으로 만들었습니다. 단순한 설교와 목회를 통해 제 자신 스스로 참 많은 응답을 받았습니다. 그리고 많은 성도들의 삶이 변화 되는 것도 체험하였습니다. 이 책을 통해 많은 분들이 저와 같은 체험을 하길 소원합니다.

책을 펴내는 입장에서 많은 어려움을 느꼈습니다. 무엇보다 어려움을 느꼈던 것은 아직은 작은 교회의 목회자로서 여러 설교와 심방을 감당해야 하는지라 시간이 턱없이 부족했다는 점입니다. 이로 인해 몇 번이나 책을 출판하는 것에 대해 고민도 많았습니다. 그럼에도 책이 완성되게 된 것은 여러분들의 큰 도움과 응원 때문이었습니다.

제가 끝까지 책을 낼 수 있도록 상황을 허락해주신 종려가지의 한치호 목사님과 기도로 헌신해주신 이찬희 권사님 그리고 부족한 저와 항상 뜻을 함께 해준 꿈나무교회 성도님들의 응원과 아내의 변함없는 사랑에 깊은 감사를 드립니다.

끝으로 '예수 그리스도' 한 분만으로 하염없이 부족한 제가 분에 넘치는 과분한 은혜와 사랑을 누리며 살 수 있도록 인도하신 하나님께 모든 영광을 돌립니다.

차 례

1장 ~ 10장

강해

01 | 하나님께서 창조한 처음 인간
(창 1:26~29)

서론

처음 인간을 이해하는 것이 신앙생활의 기초이다. 처음 인간이 바로 구원 받은 사람의 축복이기 때문이다. 만약 성도가 구원은 받았지만 구원 받은 것이 어떤 것인지 모른다면 얼마나 억울한 일인가? 우리는 구원을 받았기 때문에 구원 받은 축복을 이 땅에서 완전히, 충분히 넘치게 누리다가 영원한 천국에서 영원토록 누리고 살아야 한다.

1. 하나님께서 처음 인간을 소개하신 이유는 구원이 무엇인지 알게 하시려는 목적이다.

(1) 26절은 인간을 창조하신 이유를 설명한다. 하나님께서는 분명한 목적을 가지고 인간을 창조하셨다.

- 먼저 하나님의 형상대로 창조하셨다. 하나님의 능력과 모습이 반영된 것이다.
- 모든 피조물들을 다스리게 하시기 위하여 창조하셨다.
- 즉, 인간은 하나님의 형상과 하나님의 능력을 가지고, 세상을 정복하고, 다스리도록 창조하신 것이다.

(2) 27절은 하나님의 목적과 계획하신 대로 인간을 창조하신다.

(3) 28절을 보면 하나님의 목적과 계획대로 축복을 주셨다.

- 생육, 번성, 충만, 정복, 다스림은 인간이 누려야 할 최고의 가치이다.

(4) 29절은 인간에게 모든 먹을 것을 준비하셨음 또한 알 수 있다.

2. 구원을 받았다는 것은 처음 인간으로 회복된 것이다.

⑴ 그러므로 성도는 27절을 누리고 살아야 한다.

– 구원 받은 사람은 하나님께서 성령으로 말미암아 '함께 하심' 과 '인도하심' 과 '역사하심' 을 누리고 사는 것이다.

⑵ 또한 구원 받은 사람은 28절을 누리고 사는 것이다.

– 생육, 번성, 충만, 정복, 다스림은 당연히 누려야 할 하나님의 축복이다. 하나님과 함께 하는 것이 당연하다. 성령의 삶을 사는 것이 생육이다. 구원 받은 자들이 많이 늘어나는 것은 더욱 당연하다. 전 세계에 충만히 제자가 생겨나는 것은 더더욱 당연하다. 그리고 다스림의 축복은 정말 당연한 축복이다. 이것을 누리는 것이 신앙 생활이다.

⑶ 29절을 누리고 사는 것은 구원 받은 사람이 누려야 할 당연한 축복이다.

– 하나님의 뜻을 이루는 사람은 하나님께서 책임지신다.

– 구약의 레위인, 선지자, 제사장, 왕은 자신이 일하지 않고 하나님께서 먹이시고, 입히시고, 책임지셨다. 이것이 구원받은 사람의 표본이다.

결론

성도들은 처음 인간을 통해 구원을 깨달아야 한다. 그리고 하나님께서 주시는 축복을 누리고 살아야 한다. 우리에게 주어진 '함께' 와 '정복' 과 '다스림의 축복' 을 삶속에서 누리고 살자.

02 | 하나님의 자녀가 누릴 참된 안식
(창 2:1~3)

서론

우리는 전 장에서 처음 인간을 이해하는 것이 신앙생활의 기초라고 배웠다. 처음 인간을 이해해야 구원 받은 사람의 축복을 누릴 수 있기 때문이다. 구원의 축복과 더불어 처음 인간이 누린 축복이 있는데 그것이 바로 '참된 안식' 이다.

하나님께서는 모든 창조사역을 마치시고, 일곱째 날에 안식하셨다. 이러한 하나님의 안식의 축복을 우리도 누려야 한다. 하나님께서는 안식을 깨닫고, 누리라고 안식일을 주신 것이다. 안식은 지키는 날이 아니라 누리는 날이다. 그런데 많은 사람들이 안식하라고 주신 안식일에 안식하지 못하고, 안식일을 지켜야 하는 또 다른 노동을 한다.

1. 먼저 안식을 깨닫자.

(1) 3절, '일곱째 날을 복되게 하사 거룩하게 하셨다.' 라고 기록하고 있다.

– 안식은 하나님의 복을 누리는 것이다.

– 안식은 거룩한 것이다.

(2) 그러므로 복을 누려야 한다. 어떤 복인가? 지난주에 배운 함께 하는 것 그리고 생육, 번성, 충만, 정복, 다스림이다.

(3) 그리고 거룩을 누리는 것이다. 거룩이란? '구별되다.' 라는 뜻이다.

– 하나님(조물주)께서 다른 신(피조물)과 구별 되듯이

– 우리 구원받은 인간(세계복음화의 삶)도 세상 사람들(자신의 육신을

위한 삶)과 구별되어야 한다.

- 죄를 짓고 사는 세상 사람들과 죄와 싸워 이겨야 하는 하나님의 자녀는 분명히 구별되어야 한다. 이것이 구별되지 않으면 당연히 세상 사람과 똑같이 되는 것이다.

2. 하나님의 자녀는 참된 안식을 누리는 것이다.

(1) 안식은 편하고, 기쁘고, 즐거울 때 누리는 것이 아니라 고통스러움 속에서, 괴로움 속에서 누리는 것이다.

(2) 이 안식을 누리면 다른 사람들이 알게 되고, 보게 된다.

(3) 구약의 많은 인물들이 고통 속에서 안식을 누렸고, 사람들은 그것을 인정했다. 요셉은 아무리 고통스러운 상황에서도 안식을 누렸다. 다니엘도 너무 힘들고, 죽고 싶은 상황에서 누렸다.

(4) 성도들이 이 안식을 누린다면 많은 이들이 성도들을 통해 하나님을 인정하게 될 것이고, 지역의 복음화는 분명히 이루어질 것이다.

결론

그렇다면 참된 안식은 어떻게 누리는 것인가? 바로 '성령충만' 으로 누리는 것이다. 따라서 성도들은 주일에 다른 것보다 가장 먼저 예배를 통해 '성령충만' 을 누려야 한다. 그것이 구약의 선진들처럼 참된 평안을 누릴 수 있는 길이다.

03 | 가정은 하나님께서 주신 참된 복을 누리는 시스템
(창 2:4~25)

서론

지난 장에서는 우주를 정복하고, 다스릴 인간에 대해 말씀을 드렸다. 그런 인간에게 하나님께서는 생육하고 번성하여 땅에 충만한 축복을 누릴 가정을 주셨다.

가정은 두 가지로 나눌 수 있는데 '보이는 가정'과 '보이지 않는 가정'이다. 단순히 한 남자와 한 여자가 만나서 자식을 낳고 가정을 이루는 것은 '보이는 가정'이다.

그러나 성도들은 '보이지 않는 중요한 가정'을 잘 알아야 한다. 하나님께서 이 보이지 않는 가정을 통해 하나님의 축복을 누리길 원하신다. 그래서 사탄은 가정을 깨려고 많은 노력을 한다. 앞으로도 사탄의 강력한 역사로 많은 성도들의 가정들이 깨질 것이다. 이러한 때 우리는 성경적 가정을 이해하고, 가정의 축복을 놓치지 말아야 한다.

1. 하나님께서는 창세기 1장의 모든 축복을 누릴 가정을 주셨다.

(1) 아담과 하와가 가정을 꾸리고, 자녀를 많이 낳으면 하나님의 형상을 가지고 하나님의 능력을 가진 자녀가 태어나게 된다.

(2) 이런 자녀들이 이 땅에 꽉 차야 한다.

(3) 24절을 보면 '남자가 부모를 떠나 그의 아내와 합하여 둘이 한 몸을 이룰지니라.' 라고 축복하셨다.

(4) 그래서 성도들의 가정은 부모에게서 자녀가 벗어나 하나님을 믿는

또 다른 가정이 되어야 한다. 그런데 요즘 많은 부모들이 자기 자식을 떠나지 못하도록 막고 있는 경우가 있다. 이는 마귀가 만들어 놓은 박애, 집착, 내 소유 등에 우리가 빠진 것이다. 진짜 사랑은 부모를 떠나도록 도와주는 것이다. 자식이 부모를 떠날까봐 두려워 자녀를 붙잡고 있는 것은 하나님의 뜻을 막는 것이다.

2. 가정이 알아야할 미션

(1) 16~17절, 인간에게 선악과를 제외한 모든 것을 다 주셨다.

(2) 하나님께서는 인간에게 모든 축복을 다 주셨는데 그 축복을 누리는 방법이 선악과만 따먹지 않는 것이다.

(3) 하나님은 선악과를 통해 사탄을 알려주고 싶으셨다.

(4) 그런데 오히려 사탄은 선악과를 이용했고, 인간은 당했다.

(5) 가정에서도 이러한 선악과가 존재한다. 가정을 깨뜨릴 만한 선악과가 무엇인지를 생각해보자. 돈? 명예? 자녀? 여자? 남자? 등

(6) 우리의 미션은 우리 가정을 지키는 것이고, 지금 현재 우리의 선악과를 따먹지 않는 것이다.

결론

우리 가정의 선악과는 무엇인가? 만약 우리 가정에 문제가 있다면 그 문제는 어디서 찾을 것인가? 여러분이 자기 자신에게서 문제를 찾고 그 문제를 위해 기도한다면 여러분은 성공한 것이고, 여러분의 가정을 지키는 것이다. 그리고 하나님께서 허락하신 모든 축복을 누리게 되는 것이다.

04 | 한 사람의 중요성
(창 3:1~6)

서론

성경을 한 문장으로 표현하자면 인간의 창조와 인간의 타락 그리고 인간의 구원과 구원 받은 자들의 축복을 설명한 것이라 할 수 있다. 성경의 내용은 굉장히 많은 것 같지만 그 핵심은 아주 단순하다. 그러므로 우리도 이 핵심에 따라 성경을 이해해야 한다.

1. 한 사람의 죄악이 온 인류의 고통을 주게 되었다.

(1) 아담 한 사람의 죄가 온 인류의 고통을 주게 되었다.

> 로마서 5:19, "한 사람이 순종하지 아니함으로 많은 사람이 죄인 된 것 같이 한 사람이 순종하심으로 많은 사람이 의인이 되리라."

(2) 아간 한 사람의 죄가 이스라엘 민족에게 고통을 주었다.

> 여호수아 22:20, "세라의 아들 아간이 온전히 바친 물건에 대하여 범죄하므로 이스라엘 온 회중에 진노가 임하지 아니하였느냐 그의 죄악으로 멸망한 자가 그 한 사람만이 아니었느니라 하니라."

- 아간은 여리고 점령으로 얻은 전리품을 감추었기 때문에 이스라엘 군대가 아이에게 패하였다(수 7:1). 이 사실을 자백하자 그와 그 가족을 아골 골짜기에서 쳐서 죽였다(수 7:8- 26).

(3) 정치인, 경제인 한 사람이 문제를 일으키면 온 나라가 고통에 빠진다.

(4) 나 한 사람의 죄가 우리 가정을, 우리 교회를, 우리 직장을, 우리 나라를 고통스럽게 할 수 있다.

(5) 그래서 개인의 구원과 개인의 언약이 너무나 중요하다.

2. 한 사람의 희생이 온 인류를 살린다.

(1) 창 3:15(여자의 후손인 그리스도), 창 3:21(가죽 옷 - 희생제물인 그리스도)

(2) 로마서 5:19, 한 사람이 순종하지 아니함으로 많은 사람이 죄인 된 것 같이 한 사람이 순종하심으로 많은 사람이 의인이 되리라

(3) 십자가와 부활을 이해하면 당장 승리한다.

- 온 인류의 죄와 저주를 단번에 해결한 십자가
- 온 인류의 죽음을 생명으로 바꾸는 부활

(4) 로마서 6:5, 만일 우리가 그의 죽으심과 같은 모양으로 연합한 자가 되었으면 또한 그의 부활과 같은 모양으로 연합한 자도 되리라

(5) 이렇듯 예수 그리스도의 희생은 온 인류에 생명을 주셨다. 하와는 생명이자 산 자의 어미라 일컬어 졌는데 그리스도가 여인의 후손으로 오기 때문에 그렇다.

결론

우리 자신 한 사람도 매우 중요한 위치에 서있을 수 있다. 우리 한 명이 많은 이들을 영적으로 살릴 수 있고, 죽일 수도 있는 것이다. 그렇기에 우리가 먼저 생명을 주시는 그리스도와 연합하는 것이 매우 중요하다.

05 | 범죄의 그 다음은?
(창 3:7~13)

서론

죄라는 것은 보통 몰래 짓게 되어 있다. 그러나 몰래 짓는다고 죄가 가려지는가? 죄를 지으면 사람의 양심이 반응한다. 그래서 거짓말 탐지기가 생겨난 것이다. 아무리 표정은 속여도 그 사람의 심장은 뛰게 되어 있다. 하나님께서 그렇게 만드셨다. 심장이 뛰는 상황을 보고 거짓말을 알게 된다. 죄를 지으면 행동이 달라진다. 아담과 하와 역시 당장 행동이 달라졌다.

1. 죄를 짓기 전에 사탄의 유혹이 있고, 죄를 짓고 나면 사탄이 주관한다.

⑴ 그래서 죄를 짓기 전에는 양심과 싸우기 때문에 죄를 짓기 전에 심장이 마구 뛰는 것이다. 죄를 짓지 않았는데도 심장이 뛴다. 그 이 유는 나도 모르게 사탄과 우리의 양심이 싸우는 것이다.

⑵ 우리의 양심이 지면 죄를 짓고, 양심이 이기면 죄를 짓지 않는다.

⑶ 하지만 죄를 짓고 나면 사탄의 지배를 받는다. 그래서 죄인은 눈이 달라지고, 말이 달라지고, 생각이 달라지고, 거짓말을 아무렇지 않게 한다. 왜냐하면 거짓의 아비(요 8:44)에게 묶여 있기 때문이다.

2. 죄를 지은 다음의 상태를 보자.

⑴ 첫째로 7절을 보면 육신의 눈이 밝아져서 벗은 것을 봤다.

– 죄를 짓고 나면 육신의 눈이 밝아지고, 영적인 눈이 어두워진다.

그래서 세상에 것에 관심을 갖게 되고, 인간적으로 변화되며 육신적으로 변화되는 것이다. 결국 영적인 것에는 관심이 없어지게 되어 있다. 죄를 지으면 예배를 멀리하게 되고, 세상의 쾌락을 쫓아 가게 되어 있다.

(2) 두 번째로 하나님의 낯을 피하여 숨게 되어 있다.

– 죄를 지은 사람의 특징은 하나님과 멀어지게 된다. 목사와 멀어지게 되고 성도들과 멀어지는 것이다. 그리고 죄인들과 친해지게 된다. 불신앙자들과 잘 통하게 된다. 신앙이 좋은 사람보다는 불신앙자들과 말도 잘 통하고 행동도 같이 한다.

(3) 세 번째가 두려움이다.

– 하나님은 두려운 분이신가? 사랑의 하나님이신가? 물론 죄에 대해서는 분명히 대가가 있다. 죄를 지으면 당연히 무섭고 두려운 것이다. 의인들에게는 하나님이 좋다. 이것이 죄인과 의인의 차이이다.

(4) 그리고 죄를 지은 다음에는 핑계를 대게 되어 있다.

– '제가 잘못했어요. 저를 용서해 주세요.' 라고 용서를 빌면 되는데 꼭 핑계를 댄다. 주로 다른 사람 핑계를 댄다. 우리들도 무슨 일이 있을 때 '저 사람 때문에 내가 이렇게 됐어. 저 인간 때문에, 저 상황 때문에, 국가 때문에, 부모 때문에' 라고 핑계를 대는 모습을 볼 수 있다.

3. 죄의 대가는 죽음(사명 상실)이다. 그래서 회복하라고 복음을 주신 것이다.

(1) 보이는 사실 – 죄 때문에 저주를 받고 하나님의 참된 복을 놓침

(2) 숨겨진 사실 – 하나님께서 주신 인간 본래의 사명 상실이다.

– 죄의 결과는 죽음이다. 저주이다. 흑암에 잡히게 되어 있다. 그래서 회개의 축복을 주신 것이다. 죄를 지으면 빨리 회개해야 한다. 회개

하지 않으면 점점 사탄의 일꾼(가인)으로 전락한다. 성경에 많은 사람들이 죄를 짓고 사탄의 일을 하는 것을 봤다. 빨리 회개하면 된다. 그럼 용서해 주신다. 이것이 복음이다.

결론

하나님의 자녀가 성공하고, 하나님의 사명을 누리려면 하나님의 인도와 역사가 있어야 한다. 죄를 지으면 하나님의 인도와 역사를 보지 못한다. 그래서 회개하는 것이다. 만약, 죄에 잡혀있다면 지금 당장 회개하고 승리 하시기 바란다.

06 | 인간의 저주와 복음
(창 3:14~21)

서론

죄와 저주 그리고 복음을 깨달아야 참된 축복을 누릴 수 있다. 원죄, 자범죄, 조상의 죄 때문에 오는 결과 등을 알아야 한다. 그 죄의 결과는 무서운 것인데 그것을 저주라고 한다. 그리고 그 저주에서 해방되는 길이 복음이다. 오늘은 이 부분을 잘 깨닫기 위하여 기도하자.

1. 죄를 깨달아야 한다.

(1) 처음 인간인 아담과 하와의 죄가 원죄이다.(처음 인간이 지은 죄)

(2) 이 죄 때문에 인간에게 고통이 들어오게 된 것이다.

(3) 죄를 알아보자.

- 죄의 원인 : 사탄의 속임
- 속임의 방법 :(영적인 속임) 뱀을 이용 - 그 다음 여자를 - 그 다음 아담을 속였다. 지금도 이 방법을 사용한다. 처음부터 우리를 속이지 않고, 세상을 이용하며, 개인을 이용하기도 한다.
- 죄의 결과 : 하나님의 축복을 떠나서 사탄의 종이 되는 것이다. 이것이 저주이다. 절대 해결할 수 없는 엄청난 고통이다.

(4) 이 죄가 자녀에게 전달되는 것이다. 이것이 죄의 대물림이다.(출 20:5)

(5) 그래서 자녀들은 부모의 고통을 대물림하여 당하는 것이다.

2. 죄 때문에 오는 고통을 성경에서 밝히고 있다.

(1) 요 8:44에 보면 마귀의 자녀라고 말한다. 엡 2:1을 보면 죽은 자라고 했다.

(2) 엡 2:2~3, 세상의 풍습과 공중의 권세를 잡은 자를 따라서 사는 것이다. 육체와 마음의 원하는 것을 하고 산다. 곧 우상숭배이다.

(3) 출 20:4~5, 우상숭배의 결과로 3~4대가 정신적인 고통과 육신적인 고통을 당한다.

– 막 1장의 고통들(귀신들린 사람들, 베드로의 장모, 각종 병) 행 8:4~8, 사마리아의 고통들(귀신들림과 중풍병자, 못 걷는 사람들)

(4) 눅 16:19~31, 이렇게 고통을 당하다가 죽으면 지옥으로 간다.

3. 이 고통에서 해결되는 길이 복음이다.

(1) 창 3:15, 여자의 후손이여야 한다. 창 3:21 – 희생의 가죽옷이다.

(2) 이 비밀을 깨달은 사람들이 복음의 축복을 누렸다. 이 분들의 이야기가 구약이다.

(3) 저주에서 해방되는 길인 그리스도를 깨달으면 당장 축복이 시작된다.

결론

우리는 예수님을 구주로 영접해야 한다. 여러분의 마음속에는 해결자이시고 빛이신 참된 그리스도가 있는가?

07 | 맞는 말 속에 있는 거짓말
(창 3:22~24)

서론

사람들은 맞는 말이면 다 속는다. 사기꾼은 맞는 말로 속인다. 그런데 재미있는 사실은 한 번 속았던 사람이 또 속을 가능성이 많다는 것이다. 이것을 사탄도 정확히 안다. 우리의 조상인 아담도 속였으며, 우리도 늘 속이려 한다. 하지만 '후 아담'인 예수님은 속지 않으셨다. 속지 않으시고 승리하신 예수님이 우리와 함께 계신다. 그러므로 우리도 예수님의 인도를 받으면 속지 않는다.

1. 마귀의 맞는 말과 숨겨진 거짓말

(1) 맞는 말

– 선악과를 따먹으면 죽지 않는다.(22~24절) – 실제로 죽지 않음

– 하나님과 같이 된다.(22절) – 실제로 하나님과 같이 선악을 분별하게 됨

(2) 숨겨진 거짓말

– 하나님께서 말씀하신 영적 죽음을 육적 죽음으로 바꿔치기하여 속임

– 하나님과 같이 선악을 알게 되었지만 타락으로 인해 참된 피조물로서의 축복을 놓치게 됨

2. 마귀는 옛 전략을 지금 시대에도 똑같이 사용한다.

(1) 예수님을 속이려고 시도함(마 4:1~11)

(2) 그러나 예수님은 사탄에게서 승리하셨다.

(3) 우리 성도들에게도 맞는 말을 가지고 쉬지 않고 공격하여 넘어지게 한다.

벧전 5:8, "근신하라 깨어라 너희 대적 마귀가 우는 사자 같이 두루 다니며 삼킬 자를 찾나니"

(4) 그래서 당하지 않기 위하여 성도들은 늘 기도하면서 깨어있어야 하는 것이다.

막 13:37, "깨어 있으라 내가 너희에게 하는 이 말은 모든 사람에게 하는 말이니라 하시니라."

살전 5:17, "쉬지 말고 기도하라."

3. 속은 결과는 비참하다. 그러나 회복의 길을 우리에게 주셨다.

(1) 에덴에서 쫓겨남(24절)

(2) 일을 해야 먹고 살 수 있음

(3) 생명나무 열매를 먹지 못하게 함

(4) 하나님께서는 비참하게 된 우리들에게 그리스도를 보내주셨다.

(5) 그리스도 안에 있으면 모든 문제가 해결된다. 왜냐하면 저주가 해결되기 때문이다.

결론

우리는 우리 스스로를 돌아 볼 필요가 있다. 내가 믿는 예수님의 말이 더 맞는다고 생각되는가? 아니면 마귀(세상, 사람, 나 자신)의 말이 더 맞는다고 생각되는가? 만약 후자라면 어서 예수님께로 돌아오는 축복이 있기를 소원한다.

08 | 죄의 결과는 사명의 상실
(창 3:22~24)

서론

사탄은 지금도 구원 받은 하나님의 자녀들에게 사명을 모르도록 방해한다. 하나님의 사명은 구원이다. 따라서 구원을 받지 못한 사람들에게는 구원을 받지 못하도록 방해하고 구원을 받은 사람들에게는 사명을 감당하지 못하도록 기도를 방해한다. 전도를 한다고 해도 전도를 못하게 하며, 전도를 행하는 사람들에게는 선교를 깨닫지 못하게 한다.

1. 인간의 사명 – 세상을 정복하고 다스림

(1) 창 1:27, 하나님의 형상으로 창조되었다는 것은 아주 중요한 말이다. 하나님께서는 하나님과 닮은 사람들이 이 땅에 넘쳐나길 원하셨다.

(2) 창 1:28, 이 구절이 인간의 사명을 나타낸다. 이 사명 때문에 하나님의 형상으로 창조하신 것이다.

2. 불신앙과 죄를 통해 사명을 잃어버리도록 한다.

(1) 사람들이 생각하는 죄 – 도덕이나 법을 어기는 행동

(2) 성경이 말하는 죄 – 불신앙 – 하나님을 떠남 = 사명 상실

(3) 창 3장은 마귀가 인간의 사명을 상실하게 하는 것이다.

(4) 창 6장도 사명을 상실하게 하는 것이다.

(5) 마 4장의 마귀의 전략은 사명을 상실하게 하는 것이다.

3. 복음은 인간에게 상실한 사명(전도와 선교)을 회복시키는 것이다.

(1) 인간의 목적은 세상을 복음으로 정복하고 다스리는 사명이다.

(2) 이 사명을 잃어버리도록 하는 것이 사탄의 전략이다.

(3) 이 사명을 회복시키기 위해서는 인간을 재창조 하는 역사가 있어야 한다.

(4) 그리고 이러한 재창조는 하나님이신 예수 그리스도께 가능하다.

결론

- 창조된 사명: 정복과 다스림
- 잃어버린 사명: 마귀에게 정복당함
- 회복된 사명: 행함이 있는 믿음(전도와 선교를 통한 세계를 정복하고 다스림)

회복된 사명이 세계복음화이다.(마 28:18~20, 막 16:15~20, 눅 24:46~49, 행 1:8)

09 | 율법과 복음
(창 4:1~15)

서론

율법은 복음을 담아놓는 항아리와 같다. 그런데 사람들은 항아리 안에 있는 복음보다는 항아리 자체를 복음으로 안다. 그래서 율법주의가 되는 것이다. 율법주의는 항아리를 복음으로 알기 때문에 항아리를 건드리면 죽이려고 덤비는 것이다. 항아리만 잘 간직하면 되는 줄로 착각하는 것이다.

1. 가인의 율법 신앙

(1) 제사를 잊지 않았다.

(2) 제사라는 항아리 안에 있는 복음을 모르고 제사만 지내는 것이다.

(3) 하나님께서는 제사 안에다 희생을 담아주셨는데 제사만 지낸 것이다.

(4) 그러니 제사의 핵심인 제물에는 관심이 없었던 것이다. – 곡식

(5) 제물이 더 중요한데 제물보다는 제사에만 관심이 있었던 것이다.

(6) 오늘날에, 예배도 마찬가지이다. 예배가 중요한가? 예배의 중심인 그리스도가 중요한가?

2. 아벨의 복음 신앙

(1) 아벨도 제사를 잊지 않았다.

(2) 아벨은 제사라는 항아리 안에 든 복음을 중요하게 생각했다.

(3) 제사 안에다 희생을 담아주신 것을 깨달았다.

(4) 따라서 희생제물에 관심을 가진 것이다. 그 결과로 희생제물인 피

제사를 드렸다.
(5) 즉 아벨은 제사와 제물의 중요함을 동시에 알았다.
(6) 예배도 중요하다. 하나님께서 제정하신 것이기 때문이다. 그러나 예배의 중심인 그리스도가 중요하다.

3. 우리가 본 받아야 할 아벨의 복음 신앙

(1) 왜 예배를 드려야 하는가?
(2) 희생하신 예수님이 내 주인이 되며, 우리는 그 주인의 말씀을 들어야 하기 때문이다.
(3) 따라서 예배를 드릴 때, 예수님이 주인이 되지 않으시면 안 된다.
(4) 그리고 복음적 예배는 인생을 성공시킨다.

결론

예배에 성공하기 위해서는 올바르게 예배를 드려야하며, 그 시작은 예배의 주인공을 확실하게 주인으로 모시는 일이다.

10 | 복음을 모르는 가인의 후손
(창 4:16~24)

서론

복음이 왜 중요한가? 그 이유를 설명한 것이 성경이다. 창세기의 때부터 현재까지 아무리 세상에서 잘 나가고 세상적인 실력과 권력이 넘쳐도 인간의 영적인 문제를 해결할 길이 없다. 영적 문제를 해결 하는 길은 오직 복음 밖에는 없다. 그래서 복음을 모르면 아무리 대단한 사람이라도 문제에서 해결할 방법이 없이 실패자로 끝나는 것이다.

1. 하나님의 약속

(1) 원래의 약속: 창 1:27, 28

(2) 약속을 잃어버림: 창 3:1~21

(3) 회복된 약속: 창 3:15, 창 6:14, 출 3:18, 사 7:14, 마 16:16

(4) 약속을 이루심: 요 16:7, 요 16:24, 눅 24:49, 행 1:4~5, 행 2:1~13, 행 19:21, 행 28:28~31

2. 원래의 약속을 회복시켜 주신다는 약속이 복음이다.

(1) 복음을 아는 아벨 - 피 흘리는 제사(희생제사)

(2) 복음을 모르는 가인 - 피 없는 제사(종교제사)

(3) 복음을 모르는 결과는 비참하다. 가인의 벌은 7배이지만 5대 후손인 라멕의 벌은 77배이다.

(4) 5대가 지났지만 벌은 10배로 늘어났다.

3. 가인 후손들의 능력은 대단했다. 그렇지만 결과는?

(1) 목축업의 원조이다.

(2) 음악의 조상이다.

(3) 무기도 발명하였다.

(4) 그러나 살인하는 사람이 되었다. 그리고 벌이 77배이다.

결론

왜, 자녀들을 복음으로 들어오게 해야 하는가? 세상의 능력이 아무리 대단해도 마귀의 저주와 죄는 끊을 수 없기 때문이다. 오직 복음만이 이것을 해결한다.

가인의 자손들은 세상적으로 보면 대단한 사람들이다. 그러나 저주가 77배이다.

우리는 내게 주신 자녀를 어떤 자녀로 키울 것인가?

– 복음으로 키울 것인가?

– 아니면 세상의 실력자로 키울 것인가?

11 | 복음을 다시 주신 하나님의 은혜
(창 4:25~26)

서론

아담과 하와 그리고 아벨 이 세 사람만이 복음을 깨달았다. 그런데 아벨이 죽고 나니 더 이상 복음을 전달할 사람이 없어졌다. 그래서 하나님께서는 셋을 준비시키셨다. 그 덕분에 우리까지 복음을 깨닫게 되었고, 모든 죄와 저주에서 해방 되게 되었다. 이것이 하나님의 사랑이다. 하나님께서는 오직 모든 사람이 복음을 깨닫기를 바라고 계신다.(요 3:16)

1. 처음 인간과 타락한 인간

(1) 창 1:27~28 / 창 3:1~6, 롬 3:23, 롬 3:10

(2) 세상을 정복하고 다스릴 인간이 세상에 정복 당하고, 다스림 당하게 되었다.

(3) 복음이 필요한 인간

(4) 복음으로 회복되면 세계 복음화 하는 처음 인간으로 회복되는 것이다.

2. 사탄의 전략

(1) 선악과를 따먹어라.

(2) 복음을 담은 율법을 깨달아라. 그러나 복음만 깨닫지 말아라.

(3) 가인은 이 전략에 속은 것이다.

(4) 그러나 절대 속지 않은 아벨이 있다.

(5) 이 시대에도 가인과 아벨이 있는 것이다.

3. 셋 그리고 에노스

(1) 아벨 대신에 다른 씨인 셋을 주셨다.

(2) 왜 다른 씨라고 표현했을까?

(3) 바로 아벨과 다른 복음의 씨이기 때문이다.

(4) 셋 다음으로 에노스를 낳았는데, 사람들이 비로소 여호와의 이름을 부르게 되었다. – 이것은 셋을 통한 복음적 교회의 탄생을 말한다.

결론

복음이 왜 중요한가? 인간을 회복시키며, 참된 교회를 탄생시킬 수 있기 때문이다. 참된 복음이 오늘도 우리 안에서 회복되기를 소원한다.

12 | 복음을 가진 셋 가문의 축복
(창 5:1~32)

서론

지난 10장에서는 복음이 없는 가인의 후손에 대하여 말씀을 들었다. 오늘은 복음이 있는 아벨 대신에 주신 셋의 계보에 대하여 생각해보자.

1. 복음의 핵심

(1) 창 3:15, 창 3:21 – 여자의 후손과 희생제

(2) 출 3:18 – 애굽에서 빠져나오는 방법인 희생제

(3) 사 7:14 – 포로에서 해방되는 방법인 임마누엘

이 모든 것들이 그리스도를 설명하고 있다. 즉 복음의 핵심은 그리스도이다.

(4) 마 16:16 – 그리스도를 깨달은 베드로의 고백과 엄청난 축복

2. 복음을 놓치면 엄청난 고통이 온다.

(1) 복음을 놓친 가인의 자손들의 저주와 고통

(2) 복음을 놓친 이스라엘의 역사 – 하나님의 백성들이 노예로, 포로로, 속국으로

(3) 예수님을 오해한 당시의 이스라엘 – 로마의 속국으로 엄청난 고통

(4) 복음 대신 교권을 우선시 한 중세교회 – 교회 타락

(5) 현 시대의 복음 없는 교회들 – 파벌싸움, 정치싸움, 목회자의 타락

3. 복음을 가진 가문의 축복

(1) 창조 – 하나님의 모양과 형상

(2) 복을 주심 – 창세기 1장의 회복

(3) 복음을 가진 셋을 통하여 에녹이 탄생 – 하나님과 동행

(4) 노아가 탄생 – 시대를 살리는 사명자

결론

우리가 왜 복음을 가져야 하는가?

복음 없는 가정과 복음 있는 가정 중에서 어떤 것을 선택해야 하는가?

우리 가정과 교회는 무엇을 중요시 여기는 계보가 되어야 하는가?

13 | 죄악의 시대와 복음의 시대적 응답
(창 6:1~8)

서론

죄악의 시대는 전도자에게 축복을 누릴 기회이다. 세상이 악해지면 복음을 가진 우리의 축복이 시작되는 것이다. 세상이 힘들어지니 교회도 힘들어진다는 말에 속을 필요가 없다. 세상이 힘들어질수록 교회는 축복이 되는 것이다. 왜냐하면 교회에는 세상이 줄 수 없는 답이 있기 때문이다.

1. 노아 시대의 죄악과 홍수

(1) 노아 시대의 죄악은 모든 인간이 다 죽어야 할 만한 크나큰 죄악이다.

(2) 즉 창세기 3장의 원죄와 그로 인한 인간의 타락은 당연히 죽어야 할 죄이다.

(3) 이 죄에서 해방될 길인 그리스도를 주셨는데, 그리스도를 모르니 당연히 죽음의 문제에서 해결 될 방법이 없다.

(4) 성경은 홍수의 문제를 통해서 이를 알리고 있는 것이다. 즉 모든 사람이 다 죽는 홍수의 문제가 인류의 문제로 왔다.

(5) 이러한 문제는 인간의 능력으로 해결할 방법이 없다. 홍수는 결국 죽어야만 하는 문제이다.

2. 사탄의 전략과 예수 그리스도

(1) 이 상황에서도 사탄은 절대 그리스도만 모르게 하는 것이다.

(2) 사람들이 그리스도보다는 예쁜 여자에게만 관심이 있었다. 이것이 사탄의 전략이다.
(3) 우리들도 그리스도보다는 무엇에 관심이 있는가?
(4) 하지만 하나님께서는 이런 사탄의 전략도 이길 수 있도록 방주를 준비하셔서 그리스도를 설명하셨다.
(5) 그렇게도 많은 사람들이 믿지 않았지만 오직 노아만 믿었다. 이것이 복음이다.
(6) 노아가 믿은 홍수와 방주처럼 우리가 믿을 이 세상의 문제와 해결자 그리스도를 절대 잊지 말고, 절대 놓치지 말자.

3. 복음을 준비한 노아는 시대적 축복을 받았다.
(1) 노아의 인생설계 – 말씀대로 산 위에서 방주를 지었다.
(2) 사람들의 시선 – 미친 사람
(3) 정확한 답을 아는 노아는 흔들리지 않았다.
(4) 사람들의 시선보다 하나님의 말씀에 관심을 가졌다.
(5) 하나님의 말씀 위에 인생을 설계했다. 사람들의 시선에 인생을 설계하면 곤란하다.

결론

어떤 인생설계가 되어야 하는가? 부모 때문에? 남편 때문에? 부인 때문에? 자식 때문에 내 인생설계가 되어야 하나?
'오직 그리스도' 가 아니면 안 되는데 왜 다른 것을 찾는가?
나의 인생을 하나님의 구원 즉 그리스도에 두고 설계하는 축복이 있기를 바란다.

14 | 방주와 구원
(창 6:9~22)

서론

창 6:14은 죽음의 시대에 구원의 소식이다. 이 방주를 통하여 그리스도를 설명한 것이다. 어떤 문제가 와도 어떤 상황이라도 그리스도만 있으면 상관없는 것을 보여주고 있다.

1. 현재에도 많은 사람들이 홍수 같은 문제를 겪는다.

(1) 노력해도 해결 안 되는 문제들
(2) 여러 가지 질병으로 죽음의 문제에 있는 사람들
(3) 나보다 높은 사람들의 결정과 나의 운명
(4) 나보다 힘 있는 사람들의 결정에 따른 문제
(5) 국가의 정책이나 회사의 정책 때문에 고난을 당하는 세상 사람들

2. 홍수를 해결하는 방주를 준비케 하신 하나님의 은혜

(1) 인간의 노력으로 안 되기 때문에 하나님께서 개입하신 것이다.
(2) 미리 알려주셨다. "노아야, 방주를 준비해라 앞으로 큰 비가 올 것이다."
(3) 지금 시대에도 알려주시고 계신다. 문제가 올 것이다. 네가 해결 할 수 없는 문제가 올 것이다.
(4) 그러므로 예수를 붙잡아라! 세상 것을 붙잡지 말고 위의 것을 붙잡아라!
(5) 방주에 타면 산다. 만일, 타지 않으면 죽는다.

(6) 이것을 보여주셨다. 예수 안에 있으면 괜찮다. 어떤 문제라도 괜찮다. 혹시 나에게 큰 문제 죽을 문제가 와도 괜찮다. "내가 책임지겠다."라고 말씀하셨다.

(7) 하나님의 말씀을 믿자. 믿으면 산다. 믿지 못하면 죽을 지경에 이른다.

3. 방주에 타면 살게 되어 있다. 타지 않으면 죽는다.

(1) 방주에 타면 사는데 사람들은 자신의 방법대로 노력한다.

(2) 나름대로 보트를 준비하는 사람들. 나름대로 높은 데로 올라가는 사람들

(3) 이 상황에서 여러분들은 무엇을 준비하겠는가? 아무리 준비해도 죽음의 홍수를 절대 해결할 수 없다.

(4) 창 3장 사건 뒤에 앞을 가렸던 나뭇잎 치마는 해결책이 아니다.

(5) 방주에 타야 산다. 예수 그리스도 안으로 들어와야 산다. 예수 그리스도를 붙잡으면 산다.

결론

성경은 처음부터 문제와 해결자를 가르쳐주신다. 그런데 안 믿는다. 인간의 상식으로 맞지 않기 때문이다. 성경은 영적인 이야기이다. 그래서 맞지 않는 것 같아 보인다. 그렇기때문에 믿음이 필요하다. 오늘 우리에게 구원자가 믿어지는, 이 세상의 문제 해결자가 믿어지는 믿음을 달라고 기도하자.

15 | 분명히 이루어지는 하나님의 경고 (창 7:1~24)

서론

하나님께서는 사람들이 복음을 모르고 죄악에 빠져있을 때, 분명히 경고하셨다. 사람을 창조한 것을 한탄하심으로 홍수를 통해서다 멸하시겠다고 하셨다. 노아는 이 경고를 믿었지만 많은 이들은 경고를 무시했다. 경고를 믿은 노아는 방주를 준비하여 죽음의 문제에서 세상의 주인으로 바뀌었고, 경고를 무시한 사람들은 다 죽었다.

1. 이 시대의 경고와 예수 그리스도

(1) 마 24장, 요한계시록은 하나님의 경고다.

(2) 예수님께서 재림하실 때, 큰 고통의 문제가 있음을 경고했다.

(3) 사람들은 이 경고를 무시한다.

(4) 그러나 우리 하나님의 자녀들은 그 경고를 믿고, 예수님을 그리스도로 인정하고, 믿고 영접했다.

(5) 그리고 많은 사람들에게 이 사실을 전했다.

(6) 이제, 우리는 지역과 민족과 세계에 이 사실을 말해야 할 것이다.

2. 믿을 사람을 준비하신 하나님

(1) 방주를 준비해서 한 시대를 새롭게 할 자녀들을 준비하셨다.

(2) 이 시대에도 이 사실을 깨달을 사람들을 하나님께서 분명히 준비하셨다.

(3) 그래서 우리는 전도하는 것이다.

(4) '예수가 그리스도' 라고 알려주면 영접할 사람들을 하나님께서는 준비시키셨다.

(5) 우리의 지역에 준비시키셨고, 우리 직장에 준비시키셨다.

(6) 내가 누리는 그리스도를 말하기만 하면 된다. 내가 받은 은혜를 말하면 된다.

3. 하나님께서는 천국을 준비하시고 부르신다.

(1) 23절 – 쓸어버림을 당하였으되 오직 노아와 함께 방주에 있던 자들만 남았더라.

(2) 150일 동안 물이 넘쳤다. 이 상황에서 살 수 있는 사람은 없다. 무조건 방주에 타야 산다.

(3) 마지막 때, 불의 심판에 살아남을 사람은 없다. 그리스도 안에 있어야 한다.

(4) 그래서 사람들을 그리스도 안으로 들어오게 해야 한다. 그리스도 안에 있으면 천국을 소유하게 된다.

결론

세상에서 일어나는 많은 일들을 통해서 우리는 세상의 끝에 이루어질 하나님의 메시지를 기억해야 한다. 경고는 분명히 이루어진다. 다만 인간은 절대 이루어지지 않았으면 좋겠다고 스스로 생각하며 위안을 얻을 뿐이다. 아무리 그래도 경고는 분명히 이루어진다. 믿지 않아도, 믿어도 이루어진다. 그러나 예수 안에 있으면 상관이 없다.

16 | 새로운 언약을 주신 하나님
(창 8:1~19)

서론

하나님께서는 사람들이 복음을 모르고 죄악에 빠져있을 때, 분명히 경고하셨다. 사람을 창조하신 것을 한탄하심으로 홍수를 통해서 다 멸하시겠다고 말씀하셨다. 하나님의 말씀을 믿은 노아는 홍수가 났어도 살아났지만 이 경고를 무시하고, 믿지 않는 사람들은 다 죽었다.

1. 언약의 노아 한 사람의 엄청난 능력

(1) 1절, "하나님이 노아와 그와 함께 방주에 있는 모든 들짐승과 가축을 기억하사 하나님이 바람을 땅 위에 불게 하시매 물이 줄어들었고"라고 기록하고 있다.

(2) 하나님의 기억하심

- 그리스도가 오실 것을 믿은 노아는 하나님의 경고도 믿었고, 그 경고에 따라 방주를 만들었고, 많은 동물들과 같이 방주에 탔다.
  만약 바람이 불지 않았으면 어떻게 되겠는가?
- 노아 한 사람의 믿음은 온 인류와 지구를 살렸다.

(3) 노아 한 사람이 노아 시대에 온 인류의 구원을 책임지시게 한 것처럼 지금의 시대에는 우리에게 온 인류와 지구를 맡기셨다.

(4) 이 시대의 방주인 예수 그리스도가 주인된 여러분의 교회를 하나님께서 기억하실 것이다.

(5) 때문에 우리는 늘 말씀 속에서 살아야 하며, 늘 기도해야 하며, 24시간 전도를 생각하며 살아야 한다.

2. 새로운 언약을 주신 하나님

(1) 17절 – "너와 함께 한 모든 혈육 있는 생물 곧 새와 가축과 땅에 기는 모든 것을 다 이끌어내라 이것들이 땅에서 생육하고 땅에서 번성하리라" 하셨다.

(2) 창 1:28의 축복에 대해 하나님께서는 계속해서 말씀하여 주시는데, 잊지 말라고 반복해서 주신다. 우리는 창 1:28을 분명히 누리고 살아야 한다. 이 축복을 누리라고 하나님께서는 우리를 구원하셨다.

(3) 홍수를 통하여 많은 사람들이 죽게 하신 이유는 바로 창 1:27과 창 1:28의 축복을 새롭게 깨닫게 하시려고 한 것이다.

(4) 예수님을 통하여 새로운 생명을 얻었고, 새로운 능력을 갖게 되었다. 세상을 정복하고 다스릴 축복을 갖게 되었다.

(5) 이 복을 누리라고 우리를 부르셨다.

3. 복음을 깨달은 우리가 해야 할 일

(1) 노아 시대에는 방주를 만드는 것이 할 일

(2) 아브라함 시대에는 복음 가진 자녀를 낳고, 언약을 전달하는 것

(3) 지금 시대에는 복음을 가지고 복음을 누리며 복음을 전하는 것

(4) 복음을 놓치지 않는 방법이 예배이고, 복음을 누리는 방법이 기도이며, 복음을 체험하는 길이 전도이다.

(5) 예배를 통하여 말씀을 듣고, 기도를 통하여 힘을 얻고, 전도를 통하여 그리스도의 능력을 확인하고 체험하는 것이다.

결론

이 시대의 노아인 우리들은 사명인 예배와 기도와 전도에 승리하자.

17 | 노아가 깨달은 것 - 그리스도
(창 8:20~22)

서론

엄청난 고통이 지나갔고, 엄청난 무서움이 지나갔다. 노아는 이런 고통과 두려움 속에서도 하나님의 함께 하심을 누렸다. 이렇게 무섭고 두려움 속에서도 평안할 수 있는 임마누엘을 누리는 방법이 그리스도이다. 노아는 그리스도를 깨달았다.

1. 제단을 쌓은 노아

⑴ 홍수가 끝나자 노아가 제일 먼저 한 일이 제단을 쌓은 일이었다. 농사를 짓기 위하여 땅을 돌아본 것도 아니었고, 어떻게 앞으로 살아갈 것에 대해 걱정하지 않았다. 사람들이 다 죽었는데 외로워서 어떻게 살지 그런 걱정도 하지 않았다. '집을 지어야지' 라고 집을 짓지도 않았다. 먼저 한 일은 제단을 쌓는 일이었다.

⑵ 그리고 정결한 짐승과 정결한 새 중에서 제물을 취하여 번제로 제단에 드렸다.

⑶ 번제의 의미인 그리스도를 깨달았기 때문이다.

⑷ 왜 제사를 맨 처음으로 했을까?

– 삶의 시작은 하나님, 삶의 터전도 하나님, 삶의 인도도 하나님, 삶의 결과도 하나님이심을 알았기 때문이다.

– 삶의 터전이 농사, 삶을 사는 곳은 집이었다면 밭을 일구었을 것이고, 집을 지었을 것이다.

2. 응답을 주시는 하나님

(1) 제물을 향기롭게 받으셨다. 복음을 깨달은 제사를 받으셨다.

(2) 노아의 중심에 응답하셨는데, 귀(소리)가 아닌 중심(마음)에 응답을 주셨다.

(3) "내가 다시는 사람으로 말미암아 땅을 저주하지 아니하리니 이는 사람의 마음이 계획하는 바가 어려서부터 악함이라 내가 전에 행한 것 같이 모든 생물을 다시 멸하지 아니하리니 땅이 있을 동안에는 심음과 거둠과 추위와 더위와 여름과 겨울과 낮과 밤이 쉬지 아니하리라."

(4) 미래의 응답을 받았다. 영원한 응답을 받았다.

(5) 그리스도를 깨닫고 드린 제물은 영원한 응답을 받는다. 하루 응답도 아닌, 일주일 응답도 아닌 영원한 응답이다.

3. 바른 예배는 미래의 응답을 받는다.

(1) 올바른 예배 : 내 중심이 아닌 그리스도 중심의 예배, 기복 중심이 아닌 복음 중심의 예배

(2) 틀린 예배 : 때우는 예배, 예배를 드리지 않으면 찝찝함 해결의 예배, 출석이 전부인 줄 아는 예배

(3) 올바른 예배 한 번으로 영원한 응답을 받은 아브라함과 노아처럼 올바른 예배를 통하여 세계복음화의 주역이 되기 바란다.

결론

이 시대의 노아인 여러분, 올바른 예배와 하나님의 복을 누리자.

18 | 노아와 언약을 세우신 하나님
(창 9:1~17)

서론

노아를 통하여 창조의 역사를 새롭게 하신 하나님께서는 노아에게 새로운 언약을 주셨다.

1. 처음 인간에게 주셨던 약속을 주심

(1) 창 1:27을 회복한 노아 – 창 8:20

(2) 창 1:28을 회복한 노아 – 창 9:1~2

(3) 창 1:29을 회복한 노아 – 창 9:3

(4) 이 축복이 이제는 우리의 것이다.

– 하나님께서 우리와 영원토록 함께 하실 때, 모든 세계를 복음으로 정복하실 것이다. 그리고 하나님께서는 우리의 의식주도 다 책임지실 것이다. 예수님과 함께 한 이들의 기적을 보라!(오병이어와 칠병이어 등)

2. 다시는 멸하지 않으실 것을 약속하심

(1) 너는 창 1:27~29을 회복했으니 너희들에게 다시는 홍수를 멸하지 않겠다.

(2) 무지개를 두어 약속을 지키겠다.

(3) 이제, 우리는 염려와 걱정을 다 버리고 오직 복음으로 살면 된다.

(4) 절대 걱정, 근심, 염려할 필요가 없다.(빌 4:6)

3. 지금 시대에는 우리가 새 언약을 받은 것이다.

(1) 요 1:12~13

– 예수를 그리스도로 믿고 마음에 영접하면 하나님의 자녀가 되는 것이다. 오직 하나님으로부터 태어난 사람이다.

(2) 행 1:8

– 성령이 함께 한다면 너는 세계복음화를 하게 될 것이다.

(3) 마 24:14

– 땅 끝까지 증거 되면 그 때가 이 세상의 끝이다.

(4) 행 1:11

– 내가 다시 올 것이다.

결론

노아에게 언약을 주신 하나님께서는 우리도 언약을 붙잡고 성공하기를 바라고 계신다. 나를 이 시대의 노아로 부르신 하나님께 감사하자.

19 | 새 시대와 새 질서
(창 9:18~29)

서론

새 시대가 시작되었다. 따라서 새 시대에 맞는 새 질서가 필요하다. 본문은 새 시대에 맞는 새 질서를 갖추도록 하는 중요한 내용이다.

1. 노아의 실수

(1) 포도주를 먹고 취함

(2) 본질을 잃어버린 노아 – 새 언약을 이루는데 모든 것을 쏟아야 할 노아

(3) 방주를 짓는데 120년이나 걸렸다. 그래서 이제는 쉬어야겠다는 생각이 있었을 것이다. – 사적인 생각이 공적인 생각을 이긴 것이다.

(4) 본래 노아의 공적인 삶은 자녀들에게 그리스도를 열심히 설명하는 것이다. 하지만 그것을 놓치고 말았다.

(5) 누구든지 공적 신분을 놓치면 노아처럼 실수하게 되어 있다. 우리는 24시간 동안 놓치지 말자.

2. 노아의 실수에 대한 자녀들의 반응

(1) 함의 반응

– 두 형제에게 알렸다.

– 함이 한 말은 틀린 말이 아니라 맞는 말인데 왜 저주를 받게 되었을까?

– 다름 아닌 새 질서, 즉 하나님이 세우신 질서에 대한 모욕이었기 때

문이다. 단순히 아버지가 아닌 하나님의 약속의 사람에 대한 정죄이기 때문에 함의 반응은 하나님에 대한 정죄이기도 한 것이다.

(2) 셈과 야벳의 반응

- 옷을 가지고 뒷걸음쳐 들어가서 아버지의 하체를 덮고, 아버지의 하체를 볼까봐 얼굴을 돌렸다.

3. 노아의 축복과 저주

(1) 함 : 가나안은 저주를 받아 그의 형제의 종들의 종이 되기를 원하노라.

(2) 셈 : 셈의 하나님 여호와를 찬송하리로다. 가나안은 셈의 종이 되라.

(3) 야벳 : 하나님이 야벳을 창대하게 하사 셈의 장막에 거하게 하시고 가나안은 주의 종이 되게 하시기를 원하노라.

(4) 복음의 질서는 가정에, 교회에, 사회에 정확히 있어야 한다.

결론

새 시대에 새 질서가 있듯이, 새 가정에는 새 질서가, 교회에도 새 질서가 있어야 한다. 이것은 인간의 중심이 아닌 하나님 중심의 질서이다. 그것을 남용하는 것은 안 되겠지만 질서를 분명하게 여기는 것은 매우 중요하다.

20 | 복음을 전달 받은 후대
(창 10:1~32)

서론

노아의 복음을 전달 받은 후대의 족보이다. 개인들이 당대에 최고의 대단한 복음을 가졌더라도 그 복음이 후대에게로 전달되지 않는다면 어느 날에 이르러서는 복음이 끊어지고 말 것이다. 이것이 사탄의 소원이요, 전략이다. 그러므로 우리는 어떤 일이 있더라도 이 복음이 후대에게 바르게 전달되도록 해야 한다.

1. 세 아들을 통한 언약 성취

(1) 창 1:27~28(하나님의 형상, 하나님의 능력)의 회복
(2) 제사와 그리스도(그리스도를 깨닫게 하시려고 제사제도를 주심)
(3) 깨달은 자와 못 깨달은 자의 차이(함, 셈, 야벳)
(4) 노아의 아들들을 통하여 세상을 정복
(5) 이 시대에는 우리의 자녀들을 통하여 복음으로 세계를 정복해야 한다.

2. 성경에서는 남은 자와 후대에 대한 강조를 많이 하고 있다.

(1) 그루터기(사 6:14)
(2) 아벨, 셋(창 4:4)
(3) 아브라함(창 12:7)
(4) 선지자들(대선지와 소선지)
(5) 다윗 왕과 자손들

(6) 메시야(그리스도)를 깨달은 요셉의 성공과 그리고 후대에게 복음을 전달하지 못한 실패

(7) 엘리야가 엘리사에게 전달한 복음

3. 신약의 후대 사상

(1) 요 21:15~17 - 예수님의 후대 사상(내 어린양을 먹이라)

(2) 사도행전의 후대사상 - 내 아들아!(바울이 디모데에게)

(3) 교회와 성도들이 이것을 깨달아야 한다.

(4) 정말, 예수님을 사랑한다면 어린양이 너무나 중요하다.

결론

후대사역이 안 된 중세교회 - 종교개혁이 필요하도록 타락

후대사역이 안 된 유럽교회 - 텅빈 교회당

후대사역이 안 된 한국교회 - 점점 줄어드는 교인

이러한 시대에 '나는 내 자녀에게 어떻게 복음을 전달할 것인가?' 에 대한 기대와 반성이 있어야 한다.

11장 ~ 20장

강해

21 | 바벨탑 사건
(창 11:1~9)

서론

인간이 만들어낸 인간을 위한 방법에는 한계가 있다. 그것이 대단해 보일지 몰라도 그것은 인간에게 행복을 가져 주지 못하며, 결국에는 무너질 수밖에 없는 나약한 방법에 지나지 않는다.

1. 바벨탑과 도전

(1) 바벨탑은 인간의 교만함을 내비친 최악의 결과물이다.

(2) 하늘에 닿게 하여

– 하나님을 대신 하자는 뜻

(3) 온 지면에 흩어짐을 면하자

– 하나님의 창조원리(생육하고 번성하여 땅에 충만하라)와 반대되는 것

2. 바벨탑의 파괴와 인간의 흩어짐

(1) 언어를 혼잡케 하셨다.

– 다시는 인간이 연합하여 하나님을 대항하지 못하도록

(2) 흩으셨다.

– 하나님의 이름이 널리 퍼지도록

(3) 결국, 하나님께서는 하나님의 뜻을 이루어 가신다.

3. 바벨탑 후에도 하나님은 끝없이 인간에게 해결책을 주신다.

(1) 족보를 통해 아브라함을 준비시키신다.

⑵ 이제, 그리스도의 조상이 본격적으로 인간에게 주어지는 것이다.

결론

인간이 교만할지라도 하나님께서는 결국 인간을 옳은 길로 인도하신다. 여러분 안에 있는 있는 바벨탑이 이 시간에 다 무너지는 축복이 있기를 축원한다.

22 | 그리스도의 족보
(창 11:10~32)

서론

노아의 아들들 가운데 셈이 하나님의 축복을 받게 되었는데, 그는 그리스도가 오실 족보의 주인공이다. 이 족보를 통하여 아브라함, 다윗이 나오고, 그리스도이신 예수가 탄생하게 되었다. 하나님께서는 복음을 깨닫고, 복음을 누리며, 복음을 전달하는 사람을 사용하신다.

1. 자녀에게 복음을 전달하는 것이 얼마나 큰 축복인가? 그래서 우리는 올바른 복음을 전해야 한다.

올바른 복음은 다음과 같다.

(1) 삼위일체 하나님을 알아야 한다.

- 인간을 창조하시고, 타락한 인간의 구원 계획을 세우시고, 실행하신 하나님
- 인간을 구원하시기 위하여 인간의 몸을 입으신 하나님
- 인간을 구원하시기 위하여 우리와 함께 하시며, 인도하시고, 역사하시는 하나님

(2) 인간의 축복과 타락 그리고 저주를 알아야 한다.

(3) 세계복음화를 위해 세우신 교회를 알아야 한다.

(4) 지옥과 천국을 알아야 한다.

(5) 새 하늘과 새 땅을 알아야 한다.

2. 이 비밀(복음)을 깨달은 노아와 셈 그리고 자손들

(1) 요 21:15~18

(2) 아담과 아벨

(3) 노아와 셈

(4) 아브라함과 이삭

(5) 다윗과 솔로몬

(6) 바울과 디모데('내 아들아!' 라는 말은 단순한 말이 아니다. 이 비밀을 전달 받은 '내 아들아!' 라고 한 것이다.)

3. 중요한 교회교육과 가정교육 그리고 학교교육

(1) 이스라엘은 가정과 교회 그리고 학교에서 이러한 교육이 되도록 하였다.

(2) 하지만 우리는 그렇지 못하다. 모든 교육이 세속화 되어 가고 말씀과는 무관한 교육이 되었다.

(3) 이것이 사탄의 전략이다. 사탄의 전략은 복음이 다음 세대로 전해지는 교육을 못하게 하는 것이다.

결론

가정에서부터 하나님을 알게 하는 올바른 복음 교육이 필요하다. 이것이 하나님께서 원하시는 참된 교육이기 때문이다.

23 | 아브람이 깨달은 복음
(창 12:1~9)

서론

노아의 자손들은 여러 나라 백성으로 나뉘었다. 그리고 각기 다른 언어를 사용하게 되었다. 그 이유는 바벨탑 사건에서였다. 먼저 창세기 10장에서 각기 다른 나라와 언어를 사용하게 되었다는 기록을 하고 나중에 왜 그렇게 되었는지를 11장에서 설명하고 있다.

구약성경은 셈의 족보를 통해 아브라함이 나왔고, 그 아브라함을 통하여 다윗이 나오고, 다윗을 통하여 그리스도가 탄생되었음을 중요하게 여기고 기록하고 있다. 그 중에서 창 12장은 아브라함은 어떤 가문이고 어떻게 쓰임을 받았는가를 설명하고 있다.

1. 처음 인간은 엄청난 축복을 가지고 창조되었다.

(1) 창 1:27, 하나님의 형상

– 하나님의 형상으로 창조되었다는 것은 하나님이 성령으로 함께 하시는 것을 말한다.(임마누엘)

(2) 창 1:28, 하나님의 능력(세계 정복, 다스림)

– 오직 성령이 너희에게 임하시면 – 권능을 받고 땅 끝까지 증인이 되리라.(행 1:8)

(3) 창 1:29, 하나님의 책임

– 너희 먹을거리가 되리라.

2. 창 3장 사건과 창 3:15

(1) 마귀에게 속아 선악과를 따먹음(원죄) – 창 3:1~6

(2) 영원한 저주가 임함 – 창 3:16~20

(3) 마귀의 종이 됨(엡 2:1~3)

(4) 완전한 해결책인 그리스도(여자의 후손) – 창 3:15

(5) 가죽옷(희생의 피 제사) – 창 3:21

3. 아브람이 복음(그리스도)을 깨달음

(1) 내가 보여줄 땅으로 가라.(그리스도가 태어날 가나안 땅)

(2) 아브람이 그리스도가 태어날 가문으로 부르심을 받았다.

(3) 너로 큰 민족을 이룰 것이다. 네 이름을 창대하게 할 것이다.

(4) 여호와의 말씀을 따라갔다.(그리스도를 깨닫고 순종함)

(5) 제단을 쌓음(그리스도를 깨달은 피 제사)

결론

홍수 사건은 언약(그리스도)을 놓친 결과로 말미암았다. 이때, 방주를 주셔서 구원시키셨다. 바벨탑 사건은 언약(그리스도)을 놓친 결과이다. 이때, 아브라함을 부르셔서 구원의 길인 그리스도의 언약을 구체화 시키셨다. 하나님께서는 문제의 상황마다 더 완벽한 길을 예비하신다. 인간의 완전한 길은 바로 그리스도이다.

24 | 환경에 속은 아브람
(창 12:10~20)

서론

정확한 복음을 깨달은 아브람은 모든 것을 버리고 가나안으로 왔다. 가나안으로 온 아브람은 모든 축복을 다 받았다. "너를 통하여 큰 민족을 이루겠다. 네 이름을 창대하게 하겠다. 너를 복의 근원이 되게 하겠다. 너를 축복하는 사람에게 축복을 너를 저주하는 사람에게 저주를 … 너를 통하여 모든 족속이 복을 얻을 것이다."

그러나 아브람은 점점 남방으로 간다. 그 이유는 그가 환경에 속았기 때 문이다. 우리는 절대로 환경에 속지 말아야 한다.

1. 언약 속의 아브람

(1) 말씀을 따라서 고향을 떠나는 아브람

(2) 하나님의 말씀을 듣고, 가나안의 의미를 깨달았다.

(3) 그리스도의 약속을 받았다.

(4) 그리스도의 언약 때문에 엄청난 경제적 축복과 미래의 축복을 받았다.

2. 언약 밖의 아브람 – 언약을 잠깐 잃어버림

(1) 이런 아브람에게 기근이 찾아왔다.

(2) 이러한 상황 속에서 언약을 바라봐야 하는데 아브람은 기근을 보았다.

(3) 인간에게는 무엇을 봤느냐에 따라 결과가 엄청나게 다르게 된다.

(4) 언약을 보고 약속의 땅에 있었으면 기근 중에서도 역사하심을 보았을 것이다.
(5) 기근을 보았기 때문에 엄청난 고통이 따름

3. 환경에 속은 아브람

(1) 기근의 환경을 본 아브람은 축복의 땅 가나안을 떠나게 되었다.
(2) 인본주의가 넘치게 되었다.(죽을까봐 아내를 동생이라고 함)
(3) 인본주의 결과로 언약의 백성인 아브람이 불신자인 왕에게 창피와 고통을 당했다.
(4) 그러나 언약 때문에 하나님께서 회복시키셨다.
(5) 우리에게 실패하지 않을 수 있는 모든 능력을 주셨다. 예수 이름 안에 모든 것을 담아주셨다. 하지만 속아서 나에게 주어진 예수의 이름을 잊을 수 있다. 그러나 분명한 사실은 혹시 우리의 신분을 잊어버리고, 실패했을지라도 하나님의 사랑으로 회복시키실 것이다.

결론

우리는 예수님을 그리스도로 영접했다. 우리의 언약은 행 1:8, 땅 끝까지 증인이 되는 것이다. 그러나 마귀는 상황을 가지고 언약을 놓치게 한다. 그러나 어떤 상황에서도 속지 말아야 한다.
설령 속았을지라도 하나님께서는 회복시키신다. 이것을 믿으면 된다. 절대 그리스도를 떠나지 말고, '함께' 를 누려야 한다.(요 15:1~6)

25 | 성도라면 어떤 선택을 해야 할 것인가?
(창 13:1~13)

서론

인간은 누구나 선택으로 시작해서 선택으로 끝난다. 하루하루도 선택으로 시작하고, 선택으로 마무리한다. 인생도 마찬가지이다. 늘 선택을 해야 하는 우리는 바른 선택인 하나님이 원하시는 선택을 해야 한다. 그런데 늘 이런 선택에 실패하게 된다. 오늘, 아브람의 선택과 롯의 선택을 보면서 참된 선택이 무엇인지 깨달아야 한다.

1. 아브람의 바른 선택 – 언약적 선택

(1) 아브람의 바보 같은 선택

– 롯과 싸우게 된 아브람은 롯에게 이야기 한다. '네가 좌측을 선택하면 나는 우측을 선택하고, 네가 우측을 선택하면 나는 좌측을 선택할 것이다.'

– 그에 따라 롯은 비옥한 땅을 얻게 되고, 아브람은 반대 땅을 얻게 되었다.

– 먼저 좋은 땅을 갈 수 있었음에도 아브람은 바보 같이 양보했나?

– 단순히 보면 아브람은 아주 바보처럼 보인다. 이것이 세상 사람들의 선택의 관점이다.

(2) 아브람의 바른 선택 ? 언약적 선택

– 아브람이 선택한 땅은 가나안 땅이다.

– 아브람이 선택한 땅은 약속(그리스도가 오실 땅)의 땅이다.

– 그리스도 중심의 언약적 선택이었다.

2. 롯의 잘못된 선택 – 육신적 선택

(1) '참 잘했어요!' 아마 누구든지 잘했다고 칭찬할 것이다.

(2) 10절을 보면 소알까지 온 땅에 물이 풍부했다.
(이 당시에는 양을 키워야하기 때문에 물이 풍부해야 한다.)

(3) 오죽하면 성경은 '여호와의 동산' 같다고 했을까?

(4) 하지만 소돔 지역을 선택한 롯은 물질적이며 육신적인 선택을 했었지만, 결국 여호와 앞에 악하며 큰 죄인들의 지역을 선택한 것이다.

3. 성도들의 선택

(1) 우리 아들을 장가보내야 하는데, 우리 딸을 시집보내야 하는데, 누구에게?

(2) 학교를 선택해야 하는데, 무엇을 가지고 선택할 것인가?

(3) 언약 중심으로, 신앙 중심으로 선택할 것인가?

(4) 아니면 경제 중심으로, 출세 중심으로 선택할 것인가?

결론

복음 중심의 선택은 세상에서 보기에 크나큰 손해와 같다. 그러나 세상에서 보기에 잘못된 선택에는 하나님의 축복이 기다리고 있음을 잊지 말자.

26 | 말씀을 따른 결단
(창 13:14~18)

서론

환경에 속아서 가나안 땅을 떠났던 아브람은 이제, 생각과 마음과 행동이 바뀌었다. 이제는 절대 가나안 땅을 떠나지 말아야겠다고 결심했다. 그리고 롯과 헤어져야겠다고 결심하고, 롯과의 선택에서 좋은 땅을 양보한 것이다. 아브람이 마음이 넓어서 롯에게 양보한 것이 아니다. 언약의 땅에 있으면 하나님의 축복이 있을 것을 알았기 때문이었다.

1. 롯이 떠난 후에(14절)

⑴ 아브람에게 엄청난 축복을 주셨다.

⑵ 눈으로 보라. 동서남북을 바라보라. 보이는 땅을 너와 네 자손에게 영원토록 주겠다.

⑶ 네 자손이 엄청난 수가 될 것이다. – 세상의 티끌 같이 많게 줄 것이다.

⑷ 종과 횡으로 다녀 보라. 그 땅을 다 줄 것이다.

※롯과의 헤어짐은 단순히 헤어짐이 아니다. 창 12장:1에 보면 하나님께서 아브람에게 처음 약속하실 때, "너는 너의 고향과 친척과 아버지의 집을 떠나 내가 네게 보여줄 땅으로 가라"고 하셨다.
그런데 아브람이 이 말씀을 어기고 롯을 데리고 왔다. 결국 하나님께서는 그 둘을 헤어지게 하시고 모든 축복을 주신 것이다.

2. 복음적으로 결단한 아브람

(1) 장막을 헤브론의 마므레 상수리 수풀(처음으로 제사했던 곳)로 이사갔다.

(2) 육신적인 경제적인 판단으로 이사한 것이 아니라 손해보는 것 같지만 복음적으로 이사한 것이다.

(3) 하나님의 자녀가 복음 때문에 결단한다면 과연 어떤 축복을 받겠는가?

3. 복음은 결단하는 것이다.

(1) 깨달았으면 결단이 있어야 한다.

(2) 결단은 마음으로, 생각으로, 그리고 행동으로 해야 한다.

(3) 복음 때문에 결단한 사람들

– 구약시대 : 히 11장의 인물들

– 신약시대 : 예수님의 제자들과 바울과 그 팀들

(4) 지금의 시대에도 복음 때문에 결단한 분들에게 증거를 주신다.

결론

우리는 이론적 신앙과 교리적 신앙을 버려야 한다. 힘이 들고 어렵지만 말씀 따라 결단하면 그 결과는 엄청나다. 그리고 그 결단은 단순히 마음과 생각 뿐 아닌 행동이 있어야 한다는 사실을 기억하자.

27 | 선택의 결과
(창 14:1~16)

서론

인간은 늘 선택하며 살아간다. 하루에도 몇 번의 선택을 해야 하며, 일생을 좌우할 결혼도 선택이다. 우리 성도들은 과연 어떤 선택을 해야 하는가? 어떤 기준으로 선택해야 하는가?

1. 탁월한 선택을 한 롯 – 13:10

(1) 온 땅에 물이 넉넉했다.

– 경제적 풍요가 보장됨

– 물은 곧 경제였다.

– 강 중심으로 발전된 4대 문명과 대한민국만 보더라도 그렇다.

(2) 여호와의 동산 같고 애굽 땅과 같았더라.

– 에덴 동산

– 지구상에서 최고의 발전된 나라

(3) 롯은 물이 풍부한 요단 지역을 선택했다.

(4) 여러 도시들을 거쳐 소돔까지 가게 되었다.

– 점점 발전된 지역으 로 이사 감.

(5) 그러나 완전히 멸망할 지역이었다.

2. 바보 같은 선택을 한 아브람 – 13:9

(1) 가나안을 선택

(2) 발전되지 못한 지역

(3) 모래땅을 선택

(4) 물도 많지 않은 지역

(5) 그러나 하나님이 언약한 지역이었다.

3. 결과는 엄청나다.

(1) 탁월한 선택을 한 롯의 결과

– 나와는 상관없는 국가의 실패가 왔다.(창14:10~11)

– 롯은 국가의 실패에 따라 포로가 되었다.

– 재물도 빼앗기고 다른 나라에 포로가 되는 결과를 낳게 되었다.

(2) 바보 같은 선택을 한 아브람의 결과

– 상수리 수풀 근처에 거주(언약의 땅, 제사의 땅, 예배의 장소)

– 318명의 가병을 둘 정도로 엄청난 부자가 되었다.

– 빼앗겼던 재물과 조카 롯, 그리고 모든 부녀와 친척을 구했다.

결론

복의 시작과 끝은 여호와께 있음을 더욱 생각하기 바란다. 그래서 나의 삶속에서 여러 가지 선택을 할 때, 하나님이 원하시고 바라시는 선택을 하는 성도가 되길 간절히 소원한다.

28 | 십일조의 축복
(창 14:17~24)

서론

아브람은 318명의 가병(家兵)을 데리고, 연합국을 형성한 나라들의 왕(그돌라오멜)을 쳐부수고 조카인 롯을 구해왔다. 상식적으로 이해가 되지 않는 장면이지만 분명히 하나님의 약속이 이루어지는 현장이다. 아브람은 세상의 상식과 세상의 지식으로 살지 않았고, 하나님의 말씀대로 살았기 때문에 인간의 지혜로 볼 때, 말도 안 되는 축복을 누리고, 말도 안 되는 승리를 하게 된 것이다.

1. 십일조에 대한 성경의 가르침

십분의 일은 하나님의 것(레 27:30- 31)

2. 십일조를 깨달은 사람들

(1) 아브람(창 14:20) : 왕들과의 전쟁에서 승리한 후에 아브람은 하나님의 은혜에 감사해서 살렘 왕 멜기세덱에게 십일조를 드렸다.

(2) 야곱(창 28:20~22) : 야곱은 하나님께 반드시 십일조를 드리겠다고 벧엘에서 하나님께 약속을 했다.

(3) 말라기(말 3:7~12) : 말라기는 십일조를 깨닫고, 성경(말라기)을 기록했다.

3. 십일조의 용도

(1) 성전에서 섬기는 레위인의 생활비로 쓰임(민 18:21~24)

(2) 레위인의 기업(민 18:26)

(3) 객과 과부와 고아를 위하여(신 14:28~29)

(4) 하나님과 성전을 위해 사용(신 14:23~26)

4. 십일조의 축복

(1) 범사에 복을 주신다.(신 14:29)

(2) 복을 쌓을 곳이 없도록 부어 주신다.(말 3:10)

(3) 하나님께서 황충을 금하여 주셔서 풍성한 축복을 주신다.(말 3:11)

(4) 과실이 기한 전에 떨어지지 않게 하신다.(말 3:11)

(5) 땅을 아름답게 축복(말 3:12)

(6) 만군의 여호와가 이르노라 너희의 온전한 십일조를 창고에 들여 나의 집에 양식이 있게 하고 그것으로 나를 시험하여 내가 하늘 문을 열고 너희에게 복을 쌓을 곳이 없도록 붓지 아니하나 보라(말 3:10)

결론

십일조는 나의 신앙을 드러내는 중요한 요소이다. 단순히 십일조를 많이 해야 복이 많기 때문에 십일조를 잘해야 하는 것은 아니다. 하지만 내가 올바른 하나님의 자녀로 이 땅에서 하나님께 대한 감사와 영광을 드러내는 표이기 때문에 제대로 해야 한다.

만약 하나님의 자녀 됨에 대한 감사 없이 맹목적인 십일조를 하고 있다면 그 마음을 위해 먼저 기도하고 십일조를 하자. 그리고 진정한 십일조를 통해서 복을 받는 축복이 있기를 축원한다.

29 | 언약의 자손이 가져야 할 복음
(창 15:1~21)

서론

하나님께서는 아브람과 언약을 체결하셨다. 그리고 피 제사(복음)를 가르쳐 주셨다. 그러나 피 제사를 완전히 이해하지 못한 아브람에게 흑암의 두려움, 미래에 객이 되어 고통을 받을 것과 해방되어 정복할 땅을 알려주셨다.

1. 그리스도의 언약

(1) 그리스도를 네 씨로 주시겠다는 언약(아브라함과 하나님의 대화)

- 하나님 말씀 : 두려워하지 말라. 나는 네 방패다. 너의 지극히 큰 상급이다.(1절)
- 아브람의 대답 : 하나님께서 씨를 주시지 않아서 자식이 없으니 엘리에셀이 상속자가 될 것입니다.(2~3절)
- 하나님 말씀 : 아니다. 네 몸에서 날 자가 상속자이다. 별처럼 네 자손이 많을 것이다.(4절)

(2) 아브람의 믿음과 의로운 사람(6절)

- 그리스도를 네 씨로 주시겠다는 언약을 믿음 : 믿음의 결과로 의로움을 얻게 된다.

2. 땅의 언약

(1) 내가 이 땅을 네게 주려고 너를 갈대아인의 우르에서 이끌어 냈다.(7절)

(2) 어떻게 알 수 있을까?(8절)

(3) 아브라함의 질문에 하나님께서는 제사에 대해 언급하셨다. 이는 하나님의 언약의 말씀이 이루어지는 방법은 피 제사임을 설명한 것이다.(9절)

(4) 하나님께서 제물을 요구하셨다. 이는 그리스도의 희생을 설명하시는 것이다.(삼 년 된 암소, 삼 년 된 암염소, 삼 년 된 숫양, 산비둘기와 집비둘기 새끼)

3. 아브람의 실수와 결과

(1) 아브람의 실수

- 모든 짐승은 다 쪼개고, 새는 쪼개지 않았다. 하나님께서는 쪼개는 행위를 시키신 것이 아니라 피 제사를 요구하신 것이다.
- 제사를 이해해야 한다. 제사는 쪼개는 것도, 드리는 것도 아니다. 피 제사를 통하여 용서함을 받는 것이다.(하나님의 사랑과 은혜)

(2) 실수의 결과

- 흑암과 두려움이 임함(12절)
- 400년 동안 이방에서 노예와 자손들의 고통(13절)

4. 언약의 자손의 회복

(1) 하나님께서 징벌하시고, 그 후에 회복을 약속하셨다.(14절)

(2) 하나님께서 직접 희생 제사를 받으셨다.(17절)

(3) 언약을 체결하셨다.(18절~21절)

결론

우리는 내 중심대로, 내 생각대로 판단하고 행동하는 신앙생활을 하지 말아야 한다. 그래서 복음을 정확하게 알고 누리는 일이 매우 중요하다. 그러나 실수가 있더라도 하나님께서는 하나님의 자녀를 끝까지 책임지신다는 사실을 놓쳐서는 안 될 것이다.

30 | 인본주의의 결과인 이스마엘
(창 16:1~16)

서론

인본주의의 결과는 너무나 가혹하다. 아브람의 인본주의 때문에 탄생된 이스마엘의 자손이 세계를 정복하려고 엄청난 일들을 꾸미고 있다. 이들이 무슬림이다. 이들은 자신들이 진정한 아브라함의 자손인데 유대인들이 자신들의 지위를 빼앗았다고 말한다. 이들이 주장하는 이유는 이스마엘이 아브람의 큰 아들이기 때문이다.

1. 사라와 아브람의 인본주의

(1) 아브람과 사라는 아들을 주시겠다는 하나님의 말씀을 처음에는 믿었다.

(2) 그러나 아무리 기다려도 아들이 없자, 결국 사라가 자기 여종(하갈)을 아브람에게 주게 된다.

(3) 그리고 이스마엘이 탄생되고, 그 결과 수 천년을 서로 싸우면서 살게 된다.

(4) 완전히 믿지 못하는 결과인 인본주의 한번이 수 천년동안 고통 속에 있게 한다.

(5) 그래서 신앙생활에서도 완전한 복음, 순수한 복음, 절대적 복음의 신앙생활이 되도록 하여야 한다.

2. 이스마엘이 받은 말씀

(1) 10절 – 네 씨를 크게 번성하여 그 수가 많아 셀 수 없게 하리라

(2) 11절 – 이스마엘이라 하라(하나님께서 들으심)

(3) 12절 – 들나귀 같이 되리니 그의 손이 모든 사람을 치겠고 모든 사람의 손이 그를 칠지며 그가 모든 형제와 대항해서 살리라.

(4) 이스마엘은 아브람의 씨인데? 절대 아니다. 성경은 육신의 씨를 말하는 것이 아니다. 믿음을 말하는 것이다. 믿음이 있는 자가 바로 아브라함의 씨인 것이다.

> 롬 9:8, "곧 육신의 자녀가 하나님의 자녀 가 아니요 오직 약속의 자녀가 씨로 여기심을 받느니라."

(5) 언약의 자손(예수를 그리스도로 믿는 사람)이 중요하다.

3. 16장과 17장의 연결

(1) 16장에서는 인본주의의 아들에게 절대 언약의 자손이 아님을 알게 하셨다. 분명히 아브람의 아들인데 … .

(2) 아브람이 이 사실을 깨닫고, 17장에서 다시 언약을 받게 된다. 그리고 이삭을 약속 받는다.

결론

믿음을 오해할 수 있다. 믿음은 다른 것이 아니다. 바로 그리스도를 주시겠다는 약속을 믿는 것이다. 아들을 준다고 믿은 아브람은 육신적인 아들만을 생각했고 믿음의 아들을 잠시 놓쳤기 때문에 이스마엘이라는 큰 결과를 만들어내고 말았다. 우리가 믿는 믿음이 인간 중심적이고, 인본 중심적이라면 그것은 잘못된 것이다. 우리는 하나님 중심의, 그리스도 중심의, 구원 중심의 믿음을 가져야 한다.

31 | 하나님의 언약
(창 17:1~27)

서론

하나님께서는 사람이 생각할 때 말도 안 되는 말씀을 하신다. "너는 내 앞에서 행하여 완전하라." 어떻게 우리 인간이 완전해질 수 있나? 하나님께서는 완전해지는 것이 가능하기 때문에 말씀하신 것이다. 무엇이든지 가능하신 하나님 중심으로 말씀을 받아야 한다. 불가능한 인간 중심으로 말씀을 받으면 시험에 들 수밖에 없다. 하나님 중심으로 말씀으로 받아야 은혜가 된다.

1. 이름을 바꾸어 주심

(1) 아브람 – 아브라함

– 여러 민족의 아버지가 되게 한 것이다.

– 심히 번성하여 민족들이 나오고 왕들이 나올 것이다.

– 영원한 언약을 세워 너와 네 후손의 하나님이 되리라.

– 가나안 땅을 영원한 기업이 되게 할 것이다.

– 너와 네 후손도 내 언약을 지켜라.

– 할례를 받아라 : 자손들도, 이방인들도

– 언약을 지키지 않으면 끊어지리라.

(2) 사래 – 사라

– 네게 아들을 줄 것이다.

– 여러 민족의 어머니가 되게 할 것이다.

– 아브라함과 동행하는 축복이다.(같은 축복)

– 목사와 성도는 이런 축복을 누려야 한다.

2. 불신앙을 깨닫게 하시는 하나님의 사랑

(1) 아브라함의 불신앙

– 마음속으로 '백 세 된 사람이 어떻게? 사라도 90세인데 어떻게?' 라는 생각을 하게 된다.

– 인간 중심으로 말씀은 받은 아브라함은, "이스마엘과 같이 살겠습니다."라고 말한다.

(2) 하나님의 사랑: 인간 중심의 아브라함을 꾸짖지 않으시고, "아니다. 네 아내 사라가 네게 아들을 낳을 것이다. 이삭이라고 이름을 지어라. 그리고 이삭과 네 언약을 이룰 것이다."라고 해주셨다.

(3) 아브라함은 말씀을 듣자, 바로 모든 사람에게 할례를 행했다.

3. 이스마엘과 약속과 이삭의 약속

(1) 20절, 이스마엘은 엄청난 축복을 받았다. 그러나 복음을 소유하지 못했다. 복을 받은 것만 가지고 속지 말아야 한다.

(2) 21절, 이삭은 내 언약(영원한 약속)을 받았다.

(3) 우리는 무엇을 받아야 진짜 복인가? 무엇을 소원할 것인가?

결론

모든 복보다 하나님께서 우선시 여기는 것은 복음이다. 진정한 하나님의 축복은 육신적 복에 있지 않고, 복음을 깨닫고 누리는 데 있음을 우리는 알아야 한다.

32 | 천사를 만난 아브라함
(창 18:1~15)

서론

아브라함은 분명히 언약을 받았다. 그 언약이 사실로 나타나기 위하여 몇 가지 일들이 있었다. 그 부분을 잘 이해해야 한다.(가나안으로 이사, 절대 떠나지 말아야 한다, 아들을 낳을 구체적 축복 등)
우리도 언약을 받았다. 땅 끝까지 증인이 되는 언약을 받았다. 이 언약이 성취되기 위하여 구체적인 방법이 있어야 한다.(그리스도, 세계 복음화, 성령충만, 전략 등) 아브라함은 천사를 통하여 "일 년 뒤에"라는 구체적으로 아들을 약속 받았다.

1. 천사를 만난 아브라함

(1) 천사에 대한 예의

– 뛰어나갔다.

– 몸을 땅에 굽혔다.

– 발을 닦아 주며 휴식처를 마련했다.

– 음식을 준비했다.

(2) 천사를 대접한 아브라함

– 말씀을 줄 천사를 미리 대접했다.

– 대접은 단순한 대접이 아니라 상대를 인정하는 것이다.

㉠ 하나님의 천사임을 인정했고, 하나님의 말씀을 인정했다.

㉡ 그래서 하나님을 대접하듯이 천사를 대접한 것이다.

2. 하나님의 약속과 불신앙

(1) 하나님의 약속

– 내년 이맘 때 반드시 네게로 돌아올 것이다.(10절)

– 네 아내 사라에게 아들이 있으리라.(10절)

(2) 사라의 불신앙

– 남편 아브라함과 같은 불신앙

– 내가 노쇠하였고, 남편도 늙었는데 무슨 즐거움이 있겠는가?

(3) 그러나 불신앙한 아브라함에게 말씀을 주셨듯이 사라에게도 다시 말씀을 주셨다.(14절)

3. 인간의 약함과 강한 하나님

(1) 절대적으로 약한 나를 믿지 말라.

나를 믿게 하는 것이 사탄의 전략이다. 이것이 인본주의이다.

우리가 믿을 분은 오직 한 분이시다. 오직 예수 그리스도

내가 강해지는 것도 아니다. 오직 강한 하나님을 믿는 것이다.

(2) 말씀을 성취시킬 강한 하나님을 믿어라.

결론

아브라함과 사라는 하나님의 말씀을 불신앙하며 비웃었다. 하지만 하나님은 그들에게 정말 '웃음'을 선사하셨다. 이삭은(웃음)이란 뜻이다. 인간의 불신앙은 불가능을 보게 하고, 마귀의 통로가 되기 때문에 우리는 하나님의 언약과 능력을 붙잡아야 한다.

33 | 아브라함의 기도
(창 18:16~33)

서론

기도는 외형이 중요한 것도 아니고, 내 열심을 나타내는 행위도 아니다. 내 마음대로 하나님을 움직이려고 나의 노력을 나타내는 것도 참된 기도가 아니다.

올바른 기도는 하나님의 마음을 알고, 그 마음에 맞추어 최선을 다해 드리는 것이다. 오늘, 아브라함이 올바른 기도를 하나님 앞에서 드렸다.

1. 문제를 본 아브라함

(1) 소돔과 고모라의 멸망을 미리 알았다.

(2) 하나님께서는 기도하는 자에게 영적인 결과에 대해 알게 하신다.

(3) 우리도 기도와 말씀을 통하여 미래에 대해 대비해야 한다.

2. 기도한 아브라함

(1) 소돔과 고모라의 멸망을 알고 기도했다.

(2) 하나님의 말씀이 믿어졌다.

(3) 그리고 믿음의 기도는 응답되게 되어 있다.

(4) 우리도 하나님이 주신 영적인 흐름을 통해 지역을 보고 기도하고, 우리 민족을 보고 기도하고, 세계를 보고 기도해야 한다.

3. 아브라함의 기도의 내용과 방법

(1) 말씀을 사실로 믿고 기도한 아브라함 – 형식이 아니었다. 당연히

이루어질 것을 믿고 기도했다.

(2) 끈질기게 기도한 아브라함 – 한 번 기도하고 만 것이 아니라 끝까지 기도했다. 왜냐하면 올바른 하나님의 기도제목임을 알았기 때문이었다.

결론

100원짜리 기도로 1억의 응답을 받을 수 없다. 1억짜리 기도가 1억의 응답을 받을 수 있는 것이다. 말씀을 붙잡고 올바른 기도제목을 찾자.

– 올바른 기도제목을 갖도록 먼저 기도하자.

– 올바른 기도 제목을 찾았다면 끈질기게 응답될 때까지 기도하자.

34 | 소돔의 죄악
(창 19:1~11)

서론

소돔은 롯이 선택한 땅이다. 멸망하기 전에는 에덴동산 같았다.(창 13:10) 성도가 어떤 선택을 할 때, 얼마나 선택이 중요한 것을 보여주는 대목이다. 우선 당장 좋은 것을 선택한 롯에게 멸망의 날이 점점 다가오고 있다. 그러나 당장에는 나쁘지만 언약의 땅을 선택한 아브라함에게 점점 축복의 시간이 다가오고 있다.

우리는 항상 언약적 선택을 해야 한다. 지금도 사탄은 언약적 선택을 못하도록 우리를 유혹한다. 당장 좋은 것, 보기 좋은 것을 선택하게 한다. 소돔이 이렇게 될 것을 미리 알았더라면 롯은 소돔을 선택하지 않았을 것이다. 성경은 미리 이런 것들을 말해주고 있다.

1. 보이는 소돔

(1) 에덴 동산 같은 소돔

(2) 발전된 소돔

(3) 어마어마한 소돔

(4) 풍요로운 소돔

(5) 정치, 경제, 문화가 최고인 소돔

2. 보이지 않는 소돔

(1) 죄악 된 소돔

(2) 하나님의 진노가 있을 소돔

(3) 멸망을 준비하고 계신 하나님

(4) 존재가 없어질 소돔

3. 우리가 보아야 할 것들은?

(1) 이 세상의 보이는 멋진 것들

– 그러나 멸망

(2) 이 세상의 보이는 풍요로움

– 그러나 멸망

(3) 이 세상의 보이는 발전된 것들

– 그러나 죄악

결론

이 세상에 보이는 것에 속지 말자. 우리가 세상의 좋은 것들을 보게 되어 그것들에 빠져 하나님을 놓친다면 정신을 잃고, 영적으로 혼미하 게 될 수도 있다. 하지만 그러한 것들은 결국 멸망과 죄악임을 알자.

미국, 유럽, 일본 등 세계의 강대국 역시 영원하지 못하다는 것을 하나님께서 보여주고 계신다. 겉으로는 대단하지만 복음을 잃어버린 나라들은 영원할 수 없다는 것을 깨닫게 하기 위함이다. 따라서 우리들은 올바른 것을 보아야 하고, 보이지 않는 영적 사실에 민감해야 한다.

35 | 농담으로 여겼더라
(창 19:12~22)

서론

소돔 땅이 망할 것이라는 사실을 천사가 예언하였다. 롯은 천사의 말을 믿었기 때문에 딸과 결혼할 사위들에게 이 말을 전달했다. 그러나 현실적인 이 사람들은 롯의 말을 농담으로 여겼다. 왜냐하면 현실과 말씀은 많이 다르기 때문에 사람들이 말씀에 대해 경하게 여긴다.

이 시대에도 마찬가지이다. 서울의 빌딩들을 보면 절대 멸망할 것이라고 상상도 하기 힘들다. 그러나 하나님의 말씀에는 복음없는 국가는 분명히 멸망한다고 말하고 있다. 하나님의 말씀에 귀를 기울여야 한다.

1. 롯이 받은 은혜

(1) 세상적인 선택을 한 롯

(2) 보이는 것을 선택한 롯

(3) 언약의 밖으로 나간 롯

(4) 그러나 은혜를 베푸신 하나님

(5) 그렇기 때문에 감사해야 하는 것이다.

2. 롯의 가정에 은혜가 임했다.

(1) 사위들에게 전달되었다.

(2) 믿지 않았지만 말씀이 임했다.

(3) 그러나 믿지 않는다.

(4) 우리 가정에 은혜가 임했는데 믿지 않고, 그 말씀을 따르지 않아

고통이 계속된다.

3. 농담으로 들리는 하나님 말씀

(1) 하나님의 말씀: "너를 세계적으로 사용하겠다."

– 우리의 반응: "에이 농담마세요."

(2) 하나님의 말씀: "회개하지 않으면 멸망시키겠다."

– 우리의 반응: "에이 농담마세요."

(3) 하나님의 말씀이 농담으로 들리는 이유

– 보이는 세상과 보이지 않는 하나님이 구분이 되지 않기 때문이다.

(4) 하나님께서는 인간이 들어도 듣지 못하고, 보아도 보지 못하는 것을 한탄하신다.(마 13:13)

결론

복음이 없어 고통 당하는 세상 속에서 세계복음화가 될 것을 말씀하신 하나님, 나를 세계복음화의 주역으로 부르신 하나님, 나를 전도자의 모델로 부르신 하나님

이 사실을 농담으로 여길 것인가? 아니면 진담으로 여길 것인가?

만약 진담으로 여긴다면 몸이 움직일 것이다. 전도현장에 내가 가 있을 것이다.

36 | 소돔과 고모라의 멸망
(창 19:23~29)

서론

너무나 좋아보였던 소돔과 고모라 성이 멸망을 당했다. 절대 무너지지 않을 것 같은 소돔과 고모라가 멸망을 당했다. 우리의 소돔과 고모라가 무엇인지 오늘 찾아내어야 한다. 그리고 빨리 버려야 한다.

너무 좋은 곳, 너무나 발전한 곳, 너무나 행복할 것만 같은 소돔과 고모라, 결국 멸망될 소돔과 고모라를 지금 빨리 버리자. 그리고 하나님의 복을 누리자.

1. 유황과 불

(1) 24절, 여호와께서, 여호와로부터

- 소돔과 고모라의 멸망을 미리 말씀하셨다.
- 하나님께서는 미리 말씀하셔서 대비할 시간을 주셨다.
- 그러나 사람들은 농담으로 여겼다.
- 하나님의 사람인 롯도 믿지 않았다.

(2) 롯의 아내

- 17절, 돌아보거나 들에 머물지 말고 산으로 도망하여 멸망함을 면하라
- 28절, 롯의 아내는 뒤를 돌아보았으므로 소금기둥이 되었더라.
- 롯의 아내는 하나님 앞에서도 버리기 힘든 우상이 있었다.
- 그 우상이 죽음보다, 하나님 말씀보다 더 중요하게 생각이 된 것이다.

2. 그럼에도 기도를 들으시는 하나님

(1) 아브라함의 기도와 응답

– 창 18:22~33

– 창 19:29

– 아브라함을 생각하사

(2) 세상이 멸망해도 의인의 기도에는 분명히 응답하신다.

(3) 그래서 내가 멸망될 우리 지역을 위하여, 멸망될 우리 민족을 위하여, 멸망될 세계를 위하여 기도하자.

3. 나의 우상과 나의 기도

(1) 내가 버리기 힘든 우상에 무엇이 있는가? 나에게 있어 소돔과 고모라는 어떤 것이 있는가?

(2) 내가 고통당하는 우리 가정, 지역, 현장을 위해 기도하고 있는가? 나의 기도가 응답을 받을 것을 믿고 기도하고 있는가?

결론

생명을 잃고 마는 롯의 아내가 될 것인가?

생명을 살려주는 아브라함이 될 것인가?

여러분의 모든 현장 속에서 아브라함과 같이 사람들을 살려주는 기도의 응답을 누리는 사람들 되기를 축원한다.

37 | 복음을 잃어버린 결과
(창 19:30~38)

서론

롯의 불신앙은 엄청난 결과를 가져왔다. 분명히 하나님께서는 소알을 멸하지 않으시겠다고 약속하셨지만, 하나님의 약속을 믿지 못하는 롯은 산에 올라가서 굴에서 살게 되었다.

그 결과, 두 딸과의 관계를 통해 이스라엘을 고통스럽게 하는 모압과 암몬 자손을 낳게 되었다. 단 한 번의 불신앙은 수천 년을 고통스럽게 한다.

1. 롯에 대한 하나님의 약속

(1) 아브라함과 약속

- 의인을 멸하지 않겠다는 약속
- 롯을 향한 아브라함의 기도를 아신 하나님
- 롯을 구원하시는 하나님
- 소알을 멸하지 않겠다고 약속하셨다.(창 19:21~22)

(2) 끝까지 인도하시는 하나님

- 하나님의 인내
- 롯에게 오셔서 그 가정과 가문을 구원하시려고 노력하신다.
- 천사를 보내셔서 구원하신다.
- 하지만 끝까지 불신앙한 사람은 구원 받을 수 없다.

2. 롯의 불신앙

(1) 약속을 믿지 못함

– 창 19:30

(2) 믿지 못하는 결과는 두려움과 고통이다.

(3) 그리고 불신앙의 결과는 엄청나다.

– 이스라엘을 방해(복음 방해)

3. 딸들과 동침

(1) 모압의 자손

(2) 암몬의 자손

(3) 하나님을 떠나 이방신을 섬기는 대표적인 종족

(4) 이스라엘의 적대자

– 복음의 적대자

결론

불신앙은 누구나 한다. 그러나 불신앙의 결과는 잘 모른다. 불신앙의 결과는 다음과 같다.

'불신앙, 두려움, 문제의 시작(굴) – 문제를 일으킴 – 수천 년의 고통'

이제, 여러분은 어느 편에 서 있어야 하겠는가?

세상에 논리로 인한 불신앙인가? 나를 구원할 하나님을 믿는 믿음인가?

38 | 제자와 불신앙 문제 치유
(창 20:1~18)

서론

제자가 자신의 문제를 치유해야 하는 이유는 하나님께 쓰임을 받기 위해서이다. 아브라함은 하나님께 인정을 받고, 복도 받았다. 그러나 자신의 문제 때문에 계속 문제가 왔다. 이 문제가 치유되지 않으면 쓰임을 받을 수 없다. 오늘, 예수님의 제자인 여러분들은 자신들의 문제가 치유되기 바란다.

1. 제자 한 사람의 영적 문제

(1) 아브라함의 치명적인 문제

(2) 하나님을 신뢰하지 못하고 믿지 못하는 문제

(3) 아내 문제도 완벽하게 해결하실 수 있는 하나님을 믿지 못한다.

(4) 그 결과, 똑같은 문제로 반복해서 고통당한다.

2. 아비멜렉

(1) 그랄 왕인 아비멜렉

(2) 아브라함의 아내를 취했다.

(3) 누이라고 했기 때문에 아무 잘못이 없다.

(4) 그러나 하나님께서는 그 집의 태를 닫으셨다.

3. 하나님의 인도와 역사

(1) 아브라함의 불신앙의 결과 – 아비멜렉의 고통

(2) 아브라함의 깨달음

- 태를 열으심

(3) 전도자가 깨달았느냐, 못 깨달았느냐에 따라 세상이 변화된다.

(4) 나의 불신앙의 치명적인 문제 때문에 국가에 문제가 올 수 있고, 가정에 문제가 올 수 있고 교회에 문제가 올 수 있다.

(5) 하지만 하나님께서는 아브라함의 불신앙 속에서도 역사하시고 인도하신다.

(6) 자신의 문제를 치유 받고, 세계적 응답을 누린 아브라함

결론

불신앙의 문제는 누구에게나 있다. 하지만 구원을 받고 언약을 잡았다면 하나님께서는 모든 문제를 치유해 나아가실 것이다.

따라서 나의 불신앙의 문제가 무엇인지 깨달아야 한다. 나의 불신앙으로 많은 이들에게 고통을 주는 제자가 아닌, 오늘 치유 받아서 세계 복음화에 쓰임 받는 제자가 되기를 바란다.

21장 ~ 30장
강해

39 | 참된 응답을 누린 전도자 아브라함
(창 21:1~7)

서론

두 번씩 자신의 불신앙 문제 때문에 고통 당하던 아브라함이 치유되자 하나님께서는 참된 응답을 주셨다. 참된 응답을 누리는 길은 오직 복음, 오직 언약이면 된다.

1. 자신의 문제가 치유된 아브라함

(1) 두 번의 실수와 고통을 당한 아브라함

(2) 깨달은 아브라함 – 하나님께서는 책임을 지시는구나!

(3) 두 번의 실수를 통하여 언약의 말씀대로 책임을 지시는 것을 확인한 아브라함

2. 약속한 이삭을 주시는 하나님

(1) 언약도 잡았지만, 약속도 알지만, 성경도 알지만 … .

(2) 믿지 못하는 문제 때문에 참된 응답(이삭)을 받지 못했다.

(3) 그러나 자신의 문제가 치유되자마자 그리스도가 탄생될 언약의 아들을 주셨다.

(4) 절대 불가능한 상태(이삭, 사라)에서 아들을 주신 하나님

3. 언약의 자녀인 우리에게 절대적으로 주실 참된 응답

(1) 아브라함의 참된 응답은 이삭이다. 부나 명예가 아니다.

– 이삭을 통하여 그리스도가 오실 것이기 때문이었다.

(2) 모세의 참된 응답은 출애굽이다.

(3) 마리아의 참된 응답은 그리스도의 탄생이다.

(4) 예수님의 참된 응답은 그리스도를 올바로 아는 제자를 찾는 일이었다.

(5) 그리고 우리가 받아야 할 참된 응답은 세계를 복음화 할 제자를 찾는 일이다.

(6) 이 일 때문에 우리를 부르셨다. 이 부분을 절대 잊지 말아야 한다.

(7) 우리들이 아브라함을 보며 참된 응답을 누린 분이라는 것을 알듯이 미래 세대에게 '그 분(내 이름을 넣어보자)은 참된 응답을 누렸다.' 라는 말을 들어야 참된 제자이고, 참된 교회이고, 참된 응답이다.

결론

내가 진정으로 원하고 바라는 응답은 무엇인가? 그 응답이,

– 하나님과 맞는지

– 성경의 말씀과 맞는지

나의 신앙생활의 방향성에 대해 잘 고민해보자.

40 | 언약 없는 인생
(창 21:8~21)

서론

언약의 자손인지, 아닌지의 차이는 엄청나다. 언약을 잡았는지 아닌 지는 아주 중요한 차이가 있는 것이다. 언약적 믿음과 언약적 기도, 언약적 전도, 그리고 언약적 선교는 너무나 중요하다.

1. 아브라함의 고민

(1) 하갈과 이스마엘 / 사라와 이삭의 사이에서의 싸움에 대한 고민을 하였다.

(2) 이 고민은 하나님의 언약적인 믿음이 흔들렸기 때문이다. 세상적으로는 이스마엘이 장자이기 때문에 갈피를 못잡은 것이다.

(3) 고민 속에서 하나님의 말씀의 내용은 언약이다. 분명히 "이삭을 통하여 나는 자라야 네 씨(그리스도)라 부를 것임이라."고 말씀하셨다. 이 말씀이 확고했으면 아브라함의 행동도 정확했을 것이다.

2. 이스마엘에 대한 복

(1) 여종의 아들도 네 씨다.

(2) 이스마엘로 말미암아 큰 민족을 이룰 것이다.

(3) 하지만 이스마엘은 가장 중요한 복인 그리스도의 언약을 받지 못했다. 결국 이스마엘은 겉보기 복일 뿐이다.

(4) 하지만 사람들의 관점은 그리스도가 아니다 그들은 '큰 민족이냐? 경제 대국이냐?' 로 따진다.

3. 인간들의 착각

(1) 사람들은 왜 이삭이 축복을 받았으며, 이스마엘이 결국 저주를 받았는지 잘 모른다.

(2) 왜냐하면 둘 다 겉으로는 축복의 말씀을 들었기 때문이다.

(3) 하지만 진정한 복은 겉으로 보이는 복이 아니라 언약의 계보인 것이다.

(4) 따라서 내가 정말 복이 있는지 없는지는 나의 부와 명예와 세상적인 물질이 아닌 그리스도를 얼마나 누리고 있는지를 보아야 한다.

결론

사람들의 시선이나 물질적인 것들에 나의 복을 혼동하지 말자. 내가 정말 받아야 하는 복은 예수 그리스도의 복이다. 내 안에 예수님이 살아 계시는지가 중요하다. 그리고 내가 그리스도를 전할 언약 전달자인지가 중요한 것이다.

41 | 아비멜렉이 본 아브라함
(창 21:22~34)

서론

어떤 사람을 볼 때, 단순하게 보면 실수를 하게 된다. 아브라함을 단순하게 보면 그가 그가 얼마나 실수도 많이 하고, 거짓말도 많이 하고, 불신앙적인 행동도 많이 했는가? 그러나 아비멜렉은 아브라함을 단순 하게 보지 않았다. 하나님이 함께 하는 사람으로 보았다. 우리들도 이런 눈을 가져야 한다.

1. 거짓말쟁이 아브라함

(1) 누이라고 두 번씩이나 속였다.
(2) 부인을 빼앗기고, 엄청난 고통을 당했다.
(3) 사람들이 볼 때, 아브라함은 못 믿을 사람으로 보였을 수가 있다.

2. 그러나 아브라함은 하나님이 함께 한 사람이었다.

(1) 겉으로는 거짓말쟁이 같이 보이지만 하나님의 사람이었다.
(2) 아브라함은 다른 나라의 왕으로부터 "당신은 하나님이 함께 하시는 사람입니다."라는 고백을 들었다.
(3) 아브라함은 하나님께서 함께 해주시는 비밀을 가졌다. 그것이 바로 그리스도이다. 그리스도를 언약으로 깨닫고 절대 잊지 않았다. 그렇기에 타인이 아브라함을 하나님의 사람으로 본 것이다.
(4) 우리가 비록 실수 속에서 불신앙을 했을지라도 절대 잊지 않아야 하는 것이 '함께' (임마누엘) 이다.

3. 아브라함은 말씀을 통해 자신이 복의 근원임을 붙잡았다.

(1) 아브라함은 하나님에게 약속을 받은 사람이다.

– 너는 복이 될지라.

– 언약 때문에 너는 복의 근원이다.

– 네 자손으로 그리스도가 오실 것이다.

– 가나안 땅이 네 땅이 될 것이다.(창 12장)

(2) 절대로 이 약속을 잊지 않았기 때문에, 약속대로 모든 응답을 받았다.

(3) 아비멜렉이 알아볼 정도로 응답을 받았다. 이것이 하나님의 자녀이다.

결론

아브라함은 우리와 같은 보통 사람이었고, 실수도 하는 사람이었다. 그러나 아브라함은 언약을 잡았다. 그래서 복의 근원이 되었다. 남이 알아볼 정도의 임마누엘을 누리는 아브라함이었다. 아브라함처럼 우리도 이런 복을 말씀 속에서 누려야겠다.

42 | 언약적 믿음의 아브라함
(창 22:1~19)

서론

믿음이라는 것은 세상 곳곳에 존재한다. 그렇기에 교회는 성경에서 말하는 올바른 믿음을 갖는 것이 중요하다. 자식을 믿는 믿음도 있다. 교회를 믿는 믿음도 있다. 부부가 서로를 믿는 믿음도 있다.
그러나 성경이 말하는 믿음은 언약적 믿음이다. 하나님께서 약속하신 언약인 그리스도 중심의 믿음을 말하는 것이다.

1. 하나님의 명령

(1) '네 사랑하는 독자 이삭을 번제로 드려라' (2절)
(2) 인간적으로는 말도 안 되는 명령이다.
(3) 그러나 아브라함이 이 말씀에 순종한 이유는 언약적 믿음이 있었기 때문이다.
(4) 히 11:17~19, 믿음으로 이삭을 드렸는데 그 믿음이 바로 언약적 믿음이다. 그리스도의 후손이기 때문에 이삭을 다시 살릴 것을 믿었다.

2. 순종하는 아브라함

(1) 아브라함에게는 순종하지 않아도 되는 너무나 많은 이유가 있다.
– '하나님이 주신 아들입니다. 차라리 주시지나 마시지 왜 주시고 죽이십니까?'
– '이 아들을 통하여 그리스도가 온다면서요? 그런데 죽여요? 그렇다

면 그리스도가 오시지 못하잖아요?'

– 이 밖에도 말씀에 의거한 여러 가지 핑계를 댈 수 있었다.

(2) 그러나 아브라함은 순종했다. 아브라함의 마음 속에는 창세기에서 처음 부터 강조된 인간의 타락과 해결자 여인의 후손에 대한 언약적 믿음 이 있었기 때문이다.

결론

아브라함처럼 우리도 우리의 언약적 믿음을 회복해야 한다. '나를 세계 복음화에 쓰시려고, 많은 이들을 그리스도로 살리시기 위해 부르셨구나! 지금 나에게 있는 문제와 상관없이 나를 사용하실 것이다. 설사 내가 죽는다 할지라도 나를 살리셔서 사용하실 것이다.'

이러한 고백이 언약적 믿음의 고백이다.

43 | 미리 준비 된 모델인 나홀
(창 22:20~24)

서론

본문을 왜 주셨을까? 하나님의 역사를 보면 단순하지 않다는 것과 앞으로 언약을 성취할 것들을 몇 백 년 전부터 준비하심을 보여주시기 위함이다.

1. 나홀의 계보

(1) 아브라함에게 알림

(2) 밀가와 나홀의 결혼 이야기

(3) 자녀들의 이름이 언급되었다.

(4) 우스, 부스, 그무엘, 게셋, 하소, 빌다스, 이들랍, 브두엘

(5) 아브라함의 형제인 나홀

(6) 나홀의 계보로 리브가 탄생

2. 미래의 준비

(1) 이삭과의 언약적 혈통의 집안 – 리브가는 이삭의 아내가 됨

(2) 우스는 욥의 조상이 됨

(3) 부스는 욥의 친구 엘리후의 조상

(4) 게셋은 갈대아인의 조상

3. 아브라함과 수평적 족보

(1) 구속사의 보조자 역할

(2) 언약의 자손인 이삭의 출생과 나홀의 자손인 리브가의 출생

(3) 언약의 자손을 이은 야곱의 아내인 레아와 라헬의 아버지 라반을 낳은 브두엘

(4) 이를 통해서 우리는 구속사를 위한 씨(seed)를 예비하고 계신 하나님을 깨달아야 한다.

* 나는 어떤 위치인가? 지금의 상황으로는 모를 수 있다. 하지만 분명한 것은 나도 세계복음화의 씨가 될 수 있다는 사실이다.

결론

나홀의 계보를 준비하신 하나님께서는 지금, 나를 준비하고 계신다. 나의 후손들을 통해 앞으로 몇 년 후에 또는 몇 십 년 후에 또는 몇 백년 후에 일어날 일들을 준비하고 계신 것이다. 그리고 그 결과는 세계복음화이다. 이러한 일에 우리를 세우셨다. 이 사실을 믿고 감사하는 축복이 있기를 축원한다.

44 | 미래를 준비하는 아브라함
(창 23:1~20)

서론

과거의 모든 일들은 현재와 미래의 인생에 굉장한 영향을 미친다. 그래서 과거의 문제가 해결 되어야 하는 것이다. 과거의 모든 괴로움, 과거의 고통, 과거의 숨기고 싶은 모든 것들이 치유되어야 한다. 그래야 현재와 미래의 축복을 누릴 수 있다.

1. 과거의 문제

(1) 아브라함의 과거는 '저주의 과거' 이다.

(2) 왜냐하면 그는 우상을 만드는 가정에서 태어났기 때문이다.

(3) 부모의 영향은 아브라함에게 영적인 문제를 가져다주게 되었다.

(4) 그리고 그 결과, 아브라함은 하나님을 믿지 못하는 현실주의자가 된 것이다. 이것이 아브라함의 문제이다.

2. 현재의 축복 속에서 믿음이 성장

(1) 여러 가지 문제들을 겪으면서 믿음이 자라기 시작했다.

(2) 아브라함은 모든 문제 속에서 믿음이 성장하는 기회로 삼았다.

(3) 하나님께서는 시험 속에서도 믿음을 성장시키셨다.

(4) 하나님의 자녀인 우리들에게 오는 모든 문제와 사건은 믿음을 성장시키는 기회로 삼아야 한다.

3. 미래를 보는 아브라함

(1) 현재의 고난과 고통을 믿음으로 승화시킨 아브라함에게는 미래가 보이기 시작했다.

(2) "네 자손으로 말미암아" – 이 말은 앞으로 일어날 미래의 사건이다. 이 말씀들이 믿어지기 시작했다.

(3) "너를 통하여 모든 민족이" – 이 말도 앞으로 일어날 미래의 사건들이다. 이 말씀도 믿어지기 시작했다.

(4) 그래서 미래를 준비하기 시작한 것이다.

(5) 그는 이제, 막벨라 굴과 밭들 그리고 그 주위에 둘린 모든 나무들을은 사백 세겔을 가지고 아브라함의 소유로 사게 되었다.

(6) 미래에 오실 예수 그리스도께서 이 땅에서 오실 것을 예비한 것이다. 그리고 이것이 이스라엘이 자기 땅이라고 주장할 수 있는 중요한 사건이다.

결론

우리는 무엇을 준비해야 하는가? 우리에게 펼쳐질 하나님이 허락하신 미래를 위하여 무엇을 준비할 것인가?

45 | 응답의 구체화
(창 24:1~9)

서론

하나님의 말씀은 분명히 이루어진다. 그 말씀은 우리들의 뜻대로 이루어지는 것이 아니라 하나님의 뜻대로 이루어진다. 본문은 이삭의 응답을 구체화시키시기 위하여 하나님께서 리브가를 준비시키셨고, 이삭과 리브가가 만나는 장면이다.

그러나 이러한 구체적인 응답 전에 더 중요한 응답을 놓치지 말아야 한다.(6절)

1. 아브라함에게 약속한 말씀

(1) 네 자손을 통하여 그리스도가 올 것이다.

(2) 그리스도의 계보는 자식 중에 이삭이 될 것이다.

(3) 그런데 약속을 받고 나서도 아브라함이 100세가 되서야 응답을 주셨다.

(4) 왜 이렇게 늦게 응답을 받았을까? 그 이유가 바로 깨달음이다. 완전히 복음을 깨닫고, 하나님의 말씀에 대한 확신이 있을 때 응답하신 것이다.

2. 이삭을 위하여 미리 준비한 가문

(1) 하나님의 응답은 단순하지 않다. 이삭의 응답만 보아서는 안 된다.

(2) 이삭을 위하여 미리 한 가문을 준비하셨고, 한 여인을 준비하셨다.

(3) 복음을 가졌다면 내가 모르는 곳에서 이미 하나님의 준비가 있는

것이다.

(4) 복음이 얼마나 중요하고 복음전파가 얼마나 중요한지 알 수 있다.

- 우리들의 응답을 위하여 미리 준비하시는 하나님을 발견해야 한다.
- 우리가 전도할 때, 응답을 주시기 위하여 개인과 가정과 가문과 회사들을 준비하고 계신다.

어떤 사람에게는 아픔을, 어떤 사람에게는 고통을, 어떤 사람에게는 괴로움을 통하여 그리스도께서 기다리고 계신다.

(5) 리브가를 미리 준비시키시고, 이삭의 응답을 주시는 하나님을 보라.

3. 응답은 추상이 아니라 구체화이다.

(1) 말씀을 붙잡고 기도하라는 말은 말씀이 구체화 되어야 하기 때문이다.

(2) "이 시대의 모델이 되게 하겠다."라는 말씀을 붙잡았을 때, 하나님께서는 모델이 되게 하기 위한 모든 것을 준비하고 계신 것이다.

(3) 나의 응답을 위하여 구체화시키는 하나님의 응답을 누리자.

결론

지금은 내가 발견하지 못할지라도 분명 하나님께서는 나의 응답을 구체화 시키실 것이다. 상황이 아닌 나의 응답을 구체화 시키실 하나님을 바라보면서 기도하자.

46 | 만남의 축복
(창 24:10~67)

서론

오늘의 말씀은 이삭이 리브가를 만나는 장면이다. 하나님께서 이삭에게 주신 언약이 구체적으로 이루어지는 장면이고, 이삭에게 하나님께서 주신 만남의 축복을 누리는 장면이다. 하나님의 뜻이 이루어지는 곳에는 만남의 축복이 분명히 있다.

1. 아브라함의 깨달음

(1) 이방인과 결혼하면 안 된다는 것을 깨달음(3~4절)

'가나안 족속의 딸이 아닌 내 고향 내 족속에게 가서 이삭의 아내를 구해라.'

(2) 가나안 땅의 중요성을 깨달음(5~7절)

종의 질문: 그 딸이 따라오지 않으면 이삭을 그 땅으로 데려갈까요?

아브라함: 아니다. 절대 그리로 데려가지 말아라. 가나안 땅을 네 씨에게 주리라고 약속하셨다.

(3) 천사의 역사를 깨달음(7절)

'그가 그 사자를 너보다 앞서 보내실지라.'

* 하나님의 뜻이 이루어지는 현장에는 하나님께서 미리 천군천사를 보내신다. 우리가 이것을 믿으면 믿는 대로 역사가 일어날 것이다.

(4) 하나님의 역사를 깨달음(8절)

'만일 여자가 따라오지 않는다면 이 맹세가 너와 상관이 없으니 내 아들을 데리고 그리로 가지 말아라.'

2. 리브가를 만남

(1) 기도하는 종(11~14절) - 기도하면 응답하신다는 것을 믿는 종

(2) 기도가 끝나기도 전에 리브가를 만남(15절)

(3) 라반과 브두엘을 만남(29~32절)

(4) 리브가와 결혼함(61~67절)

3. 만남의 축복

(1) 단순히 자신들이 좋아하는 사람을 만나는 것이 아니다.

(2) 하나님의 언약이 이루어지기 위한 만남이 만남의 축복이다.

(3) 언약을 잡았다면 그 언약을 이루기 위하여 만남의 축복을 주신다.

(4) 바울이 세계복음화의 언약을 잡고 전도하니, 필요한 사람들을 만나게 해주셨다.

– 행 16장 디모데, 루디아 만남

– 행 17장 야손과의 만남

– 행 18장 아굴라와 브리스가를 만남

결론

'나를 왜 지금 사는 지역에 살게 하셨을까? 나를 왜 대한민국에 살게 하셨을까? 나를 왜 지금 시대에 살게 하셨을까?' 비록 잘 깨닫지 못할지라도 우리를 각자의 처소로 인도하신 이유는 우리와 지역의 제자가 만나 복음을 전하며 하나님의 복을 받게 하기 위함임을 깨닫자.

47 | 응답의 시간표 이해
(창 25:1~11)

서론

성경에서 말하는 성도의 시간과 때인 '하나님의 시간표'는 시각이 아니다. 시간표는 응답이다. 아브라함의 죽음의 시간표에 대해 말을 한다면, 어느 날, 어느 시각에 죽는 것이 중요한 것은 아니었다. 이것은 운명론이며 성경은 운명론이 아니기 때문이다. 아브라함의 죽음의 시간표에 따라 받을 응답은 아브라함의 계보를 이을 이삭이 장성해야 한다. 이것이 중요하다.

'아브라함의 계보는 예수 그리스도가 탄생될 계보이다. 그러므로 아브라함의 언약을 이어갈 계보가 이어져야 죽을 수 있다. 만약 이삭이 장성하지 않았으면 죽지 않았을 것이다.' 이 사실을 아는 것이 하나님의 시간표를 올바르게 바라보는 일인 것이다.

1. 성경 내용

(1) 1~ 6절 – 아브라함의 자식들을 소개하고 있다.

(2) 7~10절 – 아브라함의 죽음

(3) 11절 – 이삭에 대하여 기록

2. 아브라함의 시간표

(1) 아브라함을 부르심

(2) 아브라함의 불신앙과 깨달음

(3) 이삭의 탄생과 성장 그리고 결혼

(4) 이삭 이외의 자녀들 소개

(5) 아브라함의 죽음

(6) 이삭이 이어 받음

* 하나님의 시간표는 하나님의 언약이 성취되는 것이다. 이것을 잘 봐야 실수하지 않는다. 그래서 우리도 하나님의 시간표를 깨닫기 위하여 기도하여야 한다.

3. 우리들의 시간표

(1) 우리를 부르심

(2) 불신앙과 깨달음

(3) 나를 통하여 제자가 세워짐

(4) 전도와 선교를 통한 하나님의 나라의 확장

(5) 세계복음화와 재림

결론

하나님의 시간표는 절대적 시각이 아니다. 하나님의 시간표는 응답의 시간표이다. 예수님이 죽는 시간은 정해져 있는 것이 아니라 제자가 세워졌을 때 죽으셨다. 이것을 잘 깨달아야 나의 시간표를 정확히 볼 수 있다.

나는 지금 어떤 시간표 속에 있는가? 교회가 세워져야 하는 시간표 속에 있는가? 교회당을 건축하는 시간표 속에 있는가? 교회가 응답받아야 하는 시간표 속에 있는가?

지금, 우리의 상황과 하나님의 어떤 응답이 부합되는지를 잘 생각하여 그 응답을 누리는 성도가 되기 바란다.

48 | 언약 없는 큰 민족
(창 25:12~18)

서론

언약의 중요성은 아무리 말을 해도 모자라지 않다. 하나님의 약속인 그리스도를 깨달았느냐, 못 깨달았느냐는 단순하지 않기 때문이다. 마귀의 자녀로 살 것인가, 아니면 하나님의 자녀로 살 것인가를 나누는 중요한 잣대이기 때문이다.

아무리 나라가 부강하고, 부자일지라도 언약이 없으면 지옥에서 영원토록 살아야 할 마귀의 자녀이다. 본문은 언약이 없는 이스마엘의 후손을 기록한 것이다.

1. 아브라함의 자녀인 이스마엘

(1) 이스마엘은 아브라함의 첫째 아들이다.

(2) 하나님의 약속이 아닌 인본주의의 자녀이다.

(3) 이스마엘은 나중에라도 복음을 깨달아야 했지만 계속 깨닫지 못한, 영원히 언약이 없는 자녀의 모델이다.

(4) 하나님의 축복대로 큰 민족을 이루었으나 하나님의 자녀가 되는 그리스도를 깨닫지 못했다.

2. 무엇을 보아야 하는가?

(1) 복음을 깨달았는가? 못 깨달았는가?

(2) 언약 안에 있는가? 언약 밖에 있는가?

(3) 성경은 가졌지만 복음을 깨닫지 못한 이슬람

(4) 하나님의 자녀라고 하지만 언약 밖에 있는 아브라함의 자손들
(5) 교회는 다니지만 언약 밖에 있는 성도가 얼마나 안타까운가?
(6) 분명히 하나님의 자녀라고 생각하지만 시대적 언약을 깨닫지 못한다면 얼마나 안타까운가?

3. 우리 교회는 어떻게 세워져가는가?

(1) 영원한 언약인 그리스도로 세워져 가고 있는가?
(2) 시대적 언약인 세계복음화 속에 있는가?
(3) 그 속에서 나의 역할은 무엇인가?
(4) 이러한 부분을 깊이 있게 생각해야 한다.

결론

교회는 문제가 많고 부족할 수 있다. 다른 방향으로 갈 수도 있다. 하지만 그것을 발견한 내가 기도해야 한다. 정죄와 비방과 비판이 아닌 하나님의 교회가 올바로 설 수 있도록 기도하는 자녀들이 되자.

49 | 아브라함 가문의 꿈나무 에서와 야곱

(창 25:19~26)

서론

아브라함의 가문에 경사가 났다. 자손이 귀한 가문에 쌍둥이가 태어 났다. 얼마나 기쁘고 즐거운 일인가? 그렇게도 기다리던 아들이 한꺼번에 두 명씩이나 태어났다.

그러나 하나님 앞에서 중요한 것은 언약의 전달이다. 분명히 한 날 한 시에 태어났는데 한 사람은 언약을 모르고 한 사람은 언약을 깨달았다. 그래서 자녀에게 언약을 전달하기 위한 부모의 교육이 중요하다.

1. 임신하지 못하는 리브가

(1) 21절 – 임신하지 못하는 리브가

(2) 리브가에게 하나님께서는 창조적인 역사로 임신하게 하셨다.

(3) 성경에서 보게 되는 임신하지 못하는 분들이 임신을 하면 그 아이는 보통 아이가 아니었다.

(4) 사라와 이삭, 한나와 사무엘, 엘리사벳과 요한

2. 이삭의 기도와 응답

(1) 무조건 기도해서 응답 받은 것이 아니다.

(2) 언약 때문에 응답하신 것이다.

(3) 기도는 언약적 기도이어야 한다.

(4) "아들이 필요합니다."가 아닌 "이 세상에서 일꾼이 될 아들이 필요합니다."

(5) 이 시대에 필요한 일꾼을 깨닫고 기도한다면 엄청난 응답이 있을 것이다.

(6) 23절 – 리브가의 기도에 응답하신 하나님

3. 야곱의 탄생

(1) 에서의 발꿈치를 잡고 나온 야곱(발꿈치를 잡았다.)

(2) 이삭이 60세에 얻은 아들

(3) 두 국민, 두 민족으로 불리우는 야곱

(4) 그리스도가 탄생되어야 할 이스라엘 나라를 세울 야곱

결론

우리의 자녀를 어떻게 볼 것인가? 내 기쁨을 주는 자녀로 볼 것인가?
아니면 하나님의 뜻을 이룰 자녀로 볼 것인가?
그렇다면 어떻게 기도하고 교육하며, 키워야 하는가?

50 | 야곱의 언약적 지혜
(창 25:27~34)

서론

아브라함의 가문은 그리스도의 가문이다. 아브라함이 받은 약속은 아브라함의 자손으로 그리스도가 이 땅에 오시는 것이다. 이 비밀을 야곱이 깨달았다. 야곱은 그리스도의 언약적 지혜를 가지고 언약을 성취시키는 예수님의 계보가 되었고, 그 때문에 엄청난 복을 누렸다.

1. 영적인 지혜를 가진 야곱

(1) 장자의 명분을 사는 야곱

(2) 아브라함의 언약이 이삭에게, 이삭의 언약이 에서에게 전달되어야 하는데 그 장자의 명분을 붉은 죽 한 그릇에 팔았다.

(3) 에서가 죽에 팔아버린 장자의 명분은 단순한 장자의 명분이 아니다. 언약의 계보를 잇는 장자의 명분인 것이다.

(4) 야곱은 이 비밀을 깨달았지만 에서는 깨닫지 못했다.

* 깨닫느냐 못깨닫느냐는 너무나 중요하다. 평소에는 비슷한 것 같지만 나중에는 엄청나게 다른 결과로 나타난다.

2. 육신적인 개념의 에서

(1) 30절 – 내가 피곤하니 그 붉은 것을 내게 먹게 하라.

(2) 31절 – 형의 장자의 명분을 내게 팔라.

(3) 32절 – 내가 죽게 되었으니 이 장자의 명분이 내게 무엇이 유익하

리요.

이 한마디는 별 것 아닌 것 같지만 나중에는 저주의 모델이 되는 것이다.

(4) 육신의 배고픔에 영원한 축복을 버리는 바보 같은 에서이다.

* 너무도 많이 언약을 강조한 창세기의 메시지를 기억하여야 한다. 언약은 영혼을 잘되게 만든다. 그리고 그 결과는 하나님께서 원하시는 축복의 올바른 결과를 가져오게 될 것이다.

3. 꿈나무인 어린 야곱과 에서

(1) 부모의 교육은 자녀의 인생을 결정짓기 때문에 중요하다.

(2) 언약을 눈치 챈 엄마의 사랑을 받은 야곱은 어머니에게 참된 복인 언약을 깨닫도록 교육 받았다.

(3) 육신적인 사랑을 받은 에서는 아빠가 좋아하는 사냥만 계속 했다.

(4) 부모가 자녀에게 무엇을 칭찬하느냐가 자녀의 앞날을 결정한다.

* 공부 잘 하는 것을 칭찬할 것인가? 노래 잘 하는 것을 칭찬할 것인가? 신앙생활을 잘 하는 것을 칭찬할 것인가? 우리 꿈나무들은 부모의 칭찬에 따라 성장한다.

결론

나의 자녀를, 육신에 이로움만을 따라가는 에서처럼 키워야겠는가? 아니면 하나님께서 축복하시는 언약을 잡은 야곱처럼 키울 것인가?

올바른 부모의 기도와 교육이 우리 자녀들을 언약 속으로 들어가게 할 수 있다.

51 | 이삭을 인도하시는 하나님의 은혜
(창 26:1~11)

서론

흉년이 들자 이삭은 아버지와 마찬가지로 블레셋의 땅인 그랄로 갔다. 아브라함도 같은 경로로 애굽까지 갔는데 하나님께서는 미리 이삭에게 나타나셔서 절대 애굽으로 내려가지 말고, 가나안 땅에서 살 것을 말씀하고 계신다. 그리고 이삭은 아비멜렉을 속였지만, 하나님의 역사로 아비멜렉은 이삭을 죽이지 않고 도움을 준다.

1. 이삭의 영적 문제

(1) 아버지의 영적 문제를 그대로 물려받은 이삭

– 흉년이 오자, 전에 그의 아버지가 행했던 것처럼 하나님의 뜻을 구하려하기보다 풍부함을 따라갔다.

– 가나안 땅을 떠나지 말라고 하신 하나님의 말씀을 어긴 것이다.

(2) 아내를 누이라고 속이는 이삭

– 죽기가 두려워서 … .

– 하나님의 축복의 약속이 상황 앞에서 무너지고 만다.

2. 인도하시는 하나님

(1) 가나안 땅을 떠난 이삭에게 떠나지 말라는 말씀을 주심

– 이것이 복음이다.

"왜 떠났어?" 가 아닌 "떠나지 말고 약속한 복을 받아라."

(2) 속이는 이삭에게 은혜를 베푸심

– 아비멜렉은 이삭이 리브가를 껴안은 것을 보았다.
– 그는 이삭에게 책망하였다.
"우리 백성 중에서 네 아내와 동침할 뻔 했잖느냐? 왜 우리에게 죄를 짓게 하였느냐?"
– 죽을 일이다. 왕을 속였으니 당연히 죽을 일이었다. 그러나 하나님의 은혜로 아비멜렉의 도움을 받게 된다.
– 아비멜렉은 자기의 백성들에게 이삭이나 이삭의 아내를 범하는 자는 죽일 것이라 명령했다.(만남의 축복)

3. 하나님의 자녀는 이삭과 같은 복을 누리고 사는 것이다.

(1) 실수하는 하나님의 자녀들
– 죄성이 인간을 연약하게 하고, 죄를 짓도록 유혹한다.
(2) 그러나 말씀으로 깨닫게 하시는 하나님
(3) 말씀을 붙잡고 기도할 때, 인도하시는 하나님
(4) 결국, 주위에 있는 사람들에게 복음적 영향을 미친다.

결론

죄의 본성이 우리의 생각을 흐리게 하고, 하나님께 주목하지 않으면 일상 속에서 늘 실수를 하게 된다. 하지만 한 번 약속을 하신 하나님은 절대 그 약속을 잊어버리시는 일이 없으시다. 성도들을 끝까지 인도하신다. 이것이 하나님의 사랑이다.

52 | 백배의 복보다 중요한 하나님의 약속 (창 26:12~25)

서론

일반적으로 신자들은 백 배의 복을 받고 싶어 하면서도 백 배의 복을 누린 이삭에 대해 깊이 있게 생각하지 않는다. 하지만 우리가 이삭을 깊이 있게 보다 보면 백 배의 복보다 더 큰 비밀이 숨겨 있음을 알 수 있다.

1. 이삭은 하나님의 복을 받았다.

(1) 여호와께서 복을 주시므로(백 배의 복)

(2) 창대의 복

(3) 왕성의 복

(4) 거부의 복 – 양과 소와 종이 심히 많음

(5) 블레셋이 시기할 정도로 복을 받음

(6) 그러나 블레셋의 방해 – 우물을 막고 흙으로 메움

(7) 싸움이 일어남 – 백 배의 복이 완전하게 유지되지 못한다. 왜냐하면 지금 있는 그 땅은 약속의 땅이 아니기 때문이다.

* 이삭이 있어야 할 곳은 어디인가?(약속의 땅인 가나안 땅)

2. 브엘세바로 올라갔더니

(1) 여호와께서 그 밤에 나타나사

(2) 아브라함의 하나님이다. – 약속하신 하나님

(3) 아브라함을 위하여 너와 함께 하고 너에게 복을 주어 네 자손이 번성하게 하리라.
(4) 제단을 쌓고 여호와의 이름을 부르며
(5) 장막을 쳤더니

* 이제, 완전한 약속의 땅으로 돌아왔다. 이제는 종들도 우물을 팔 정도로 완전한 복을 누리게 되었다.

3. 하나님의 약속과 믿음

(1) 아브라함에게 주신 약속(창 12:1~3)
(2) 이삭에게 주신 약속(창 26:2~4)
(3) 하나님께서는 아브라함과 이삭에게 축복의 약속을 허락하셨다.
(4) 하지만 그 약속이 성취되려면 믿음이 중요하다. 우리가 믿을 때 계약이 성사되는 것이고, 하나님께서 주신 약속이 성취되는 것이다.
(5) 이때, 그 믿음은 결단과 행동으로 이어져야 한다.(약 2:20, 26)

결론

100배의 복을 받았지만 고통을 당한다. 이곳은 진정한 약속의 땅이 아니다. 하지만 이삭은 결국 언약의 땅으로 돌아왔고 완전한 복을 누리게 되었다.
우리는 부자가 되는 곳에 있어야 하는가? 하나님의 약속이 이루어지는 곳에 있어야 하는가? 신자에게 진정으로 중요한 것은 눈에 보이는 100배가 아닌 하나님이 우리에게 주신 약속인 것이다. 우리에게는 이 결단이 있어야 한다.

53 | 언약 안의 이삭과 언약 밖의 에서

(창 26:26~35)

서론

하나님의 언약은 너무나 중요하다. 아브라함의 같은 아들임에도 이삭과 에서는 언약 때문에 극과 극의 인물이 되었다. 언약을 깨달은 이삭은 하나님께서 함께 하심을 깨달았고, 언약을 깨닫지 못한 에서는 언약 밖의 족속과의 결혼으로 리브가에게 근심이 되었다.

1. '하나님과 함께'를 누리는 이삭의 복

(1) 아비멜렉은 이삭에게 하나님이 함께 하심을 보았다.

- 28절, "여호와께서 너와 함께 계심을 우리가 분명히 보았으므로"

(2) 그래서 자기의 친구인 아웃삿, 군대 장관인 비골을 대동하고 이삭에게로 화친을 청하러 왔다.

(3) 이방인도 알아볼 정도로 복음을 누린 이삭

(4) 구원을 누리는 이삭은 아브라함이 누렸던 모든 복을 누렸다.

* 복음을 가졌다는 것은 하나님이 함께 하심을 누리는 것이다. 이 사실이 많은 사람들에게 보여야 한다. 이것이 참된 전도이다.

2. 복음 밖에 있는 에서

(1) 이방인을 아내로 삼은 에서 – 그리스도의 약속을 받은 아브라함 가문에서는 결혼이 매우 중요하였다. 결국, 이방인과의 결혼은 하나님과의 구원의 약속을 저버린다.

(2) 리브가의 마음에 근심이 되었다.

(3) 복음 밖에 있는 에서는 부모의 근심이 되었다.

* 분명한 약속의 자녀인데 복음 밖에 있다. 믿음은 행함이 있어야 한다. 믿음의 결혼이 그 의미가 매우 중요하다. 그러나 에서는 자신의 뜻대로 결혼했다. 이것이 불신앙의 시작이다. 이것이 믿음의 행함이 없는 에서이다.

3. 그렇다면 우리는 어떤 약속을 누려야 하는가?

(1) 예수 그리스도(구원)

(2) 임마누엘(함께)

(3) 세계복음화(신자의 사명과 결론)

결론

'내 뜻이 더 중요한가? 하나님의 뜻이 더 중요한가?'

이 질문은 신자의 인생에 너무나도 큰 영향을 준다. 여기에서 우리는 스스로에게 물어서 답해야 한다.

'에서 같이 결정할 것인가? 이삭 같이 결정할 것인가?'

우리는 응답과 말씀 그리고 언약 속에 있는 이삭의 결정을 따라야 할 것이다. 그리고 우리들은 '기도'의 방법을 통해 이삭과 같은 결정을 누려야 한다.

54 | 리브가와 야곱이 깨달은 언약적 축복
(창 27:1~29)

서론

시대별로 하나님께서 사용하시는 사람들이 있었다. 창조 시대에는 아담과 노아가 쓰임을 받았다. 족장 시대에는 족장이 쓰임을 받았는데 하나님께서 주시는 복을 족장들이 전달했다. 복을 받은 자녀들은 그 축복대로 복을 누리며 살았다.

본문에서도 족장인 이삭이 자녀에게 복을 주는 장면이 나온다. 족장인 이삭이 언약의 계보를 이을 에서에게 모든 복을 주는 축복을 하려는데 야곱이 그 복을 빼앗은 것이다.

1. 하나님의 복

(1) 창 1:28 – 생육, 번성, 충만, 정복, 다스림

(2) 창 3:1~6 – 하나님의 복을 잃어버림

(3) 창 3:15 – 하나님의 복을 회복하는 길

(4) 회복하는 길(그리스도)을 깨달아야 복을 받는다.

2. 리브가와 야곱이 깨달은 복

(1) 아브라함의 가문을 사용하셔서 그리스도가 오심을 알았다.
(모든 복이 이 계보로)

(2) 아브라함은 이삭에게 이 언약을 전달시켰다.
(모든 복이 이삭에게)

(3) 이삭은 에서에게 이 언약을 전달하고자 했다.

(모든 복이 에서에게)

(4) 이 언약과 복을 빼앗은 리브가와 야곱

(5) 리브가는 왜 장남인 에서가 아닌 야곱을 예뻐했을까? 그 이유는 야곱이 이 언약과 복을 깨달았기 때문이다.

(에서는 리브가의 근심이 되었더라)

* 왜 하나님께서는 거짓말하는 야곱에게 복을 주셨을까?
축복권을 가진 이삭의 축복이 인간의 부족함 보다 더 크다는 것을 보여준다.
이는 하나님의 권위를 드러낸다.

3. 복의 전달자

(1) 족장 시대에는 족장

(2) 선지자 시대에는 선지자

(3) 예수님 시대에는 예수

(4) 제자 시대에는 제자

(5) 지금 시대에는 목사

* 그리고 성도들은 이 복을 전달받는 수혜자가 된다.

결론

참된 복인 그리스도(창 3:15)를 깨달은 리브가와 야곱이 그 복을 올바로 전달하였고, 전달 받았듯이 우리도 말씀과 복을 올바로 전달받는 성도들이 되어야 한다.

55 | 에서의 분노
(창 27:30~45)

서론

에서는 복을 빼앗기고, 엄청난 분노 때문에 이성을 잃었다. 자신을 뒤돌아보면서 왜 빼앗겼는지를 생각해보고 다시는 그러지 말아야 하였는데 그는 자신의 분노를 표출하면서 자기를 돌아보지 못하게 된다. 분노는 마귀가 주는 것이다. 그 분노는 하나님의 일을 방해하는 일이다. 이미 복을 받은 야곱을 통하여 그리스도께서 오셨어야 하는데 야곱을 죽이려고 한다. 분노는 복음을 막게 되어 있다. 마귀의 전략에 속는 것이다.

1. 두 번씩 속은 에서

(1) 장자의 명분을 빼앗김 – 한번 속았으면 자신을 돌아보면서 다시는 속지 않기 위하여 다짐해야 하는데 그냥 넘어갔다.

(2) 복을 빼앗김 – 자신을 돌아보면서, 내가 왜 속았을까? 그리고 고쳐야 하는데 분노를 표출한다.

2. 복을 빼앗긴 결과

(1) 경제의 문제 – 땅의 기름짐에서 멀고 내리는 하늘 이슬에서 멀 것이다.

(2) 신분의 문제 – 칼을 믿고 생활, 아우를 섬길 것이다.

(3) 복을 빼앗겼다는 것은 복의 근원인 하나님과 관계가 끊어졌다는 것이다. 하나님과의 관계는 그리스도로 회복될 수 있는데 그리스도를

놓친 것이다.

(4) 우리는 절대 그리스도를 놓치지 말아야 한다. 마귀는 그리스도를 놓치게 하려고 계속 공격한다. 어떤 때는 우는 사자와 같이, 어떤 때는 광명한 천사처럼 나타나 공격한다. 그래서 깨어있어 기도해야 하는 것이다.

3. 분노의 결과

(1) 41절 - 심중에 이르기를 아버지가 곡할 때가 가까웠은즉 내가 내 아우 야곱을 죽이리라

(2) 영적인 의미에서 야곱은 그리스도가 오실 계보이다. 이것을 죽인다는 것은 복음과 구원을 막는 것이다. 단순히 보면 살인이지만 그 결과는 그리스도가 오는 것을 막는 것이 된다. 마귀는 이것을 이용한다.

(3) 리브가가 이 말을 듣고 라반의 집으로 피신시킨다. 복음을 가진 자에게는 어떤 문제가 와도 피할 길을 주신다.

결론

신자들은 분노보다는 기도하며, 하나님께서 주신 생각을 가져야 한다. 보복보다는 다시는 분노에 당하지 않도록 내 자신을 치유해야 한다. 분노는 마귀를 돕게 되고, 복음을 방해한다는 사실을 잊지 말아야 한다.

56 | 언약적 결혼
(창 27:46~28:9)

서론

복음을 놓치고 나면 분노가 생기게 된다(가인). 자신을 돌아봐야 하는데 한을 가지고 분노를 표출하게 된다. 결국에, 언약을 잃어버리고 결혼에 실패하게 된다. 본문에서 두 형제를 비교하여 성경이 우리에게 무엇을 주고자 하는가에 대하여 살펴보자.

1. 야곱의 결혼과 이삭의 축복

(1) 어머니(리브가)의 간곡한 부탁으로 아버지(이삭)는 야곱에게 축복하고 당부한다.

(2) 가나안의 딸들 중에서 아내를 맞이하지 말라.

(3) 라반의 딸들 중에서 아내를 맞이하라.

(4) 생육하고, 번성하여 여러 족속을 이룰 것이다.(창 1:28)

(5) 아브라함에게 허락하신 복을 너와 네 자손에게도 주사 거류하는 땅을 네가 차지하게 하시기를 원한다. – 복음 전달자의 계보

2. 에서의 틀린 효도와 틀린 결혼

(1) 에서가 본즉

– 가나안의 딸들 중에서 아내를 맞이하지 말라는 것을 보았다.

– 가나안의 딸들이 어머니와 아버지를 기쁘게 하지 못하는 것을 보았다.

(2) 에서의 효도

– 가나안의 딸들이 아닌 다른 여자(이스마엘의 딸)를 아내로 맞이함

(3) 신앙적으로 틀린 것을 부모가 좋아하지 않았는데, 에서는 가나안 여자가 아닌 다른 여자는 괜찮을 거라고 부모를 위하여 다시 결혼했다.

(4) 에서의 착각과 틀린 결혼 – 부모의 마음과 뜻을 이해해야 한다.(언약)

3. 결혼제도는 언약을 성취하는 것이다.

(1) 창 1:28 – 생육, 번성, 충만, 정복, 다스림

(2) 창 2:18 – 혼자 사는 것이 좋지 아니하니 … 돕는

(3) 창 2:24 – 남자가 부모를 떠나 그의 아내와 합하여 둘이 한 몸을 이루어라.

* 틀린 결혼관 = 사랑하니까 결혼한다. 맞는 것 같지만 틀린 것이다. 우리 신자들은 사랑과 언약을 동시에 성취하는 결혼이어야 한다.

결론

신자의 결혼은 언약의 관점에서 생각해야 한다. 무턱대고 인간의 욕심에 따라 나의 필요에 따라서 결혼을 해서는 안 될 것이다. 따라서 신자의 결혼관은 인간의 '육신의 사랑' 과 더불어 '모든 복을 받은 인간, 죄로 인해 복을 놓친 인간, 복을 회복하는 언약을 받은 인간' 에 관점을 더해 정립해야 할 것이다.

57 | 언약의 야곱과 벧엘의 꿈

(창 28:10~22)

서론

벧엘의 복은 단순하게 볼 수가 없다. 그 복은 우리에게 하나님과 인간 사이에서의 언약적인 복이라는 것을 깨닫게 한다. 언약을 소유하고 있는 야곱에게 그가 언약을 소유했다는 증거로 참된 복을 받게 되는 것이다.

1. 언약을 받은 야곱

⑴ 사닥다리가 땅으로부터 하늘에 닿았다. – 하늘과 땅의 연결

⑵ 하나님의 사자들이 그 위에서 오르락내리락 하는 것을 보았다. – 천사의 실제

⑶ 하나님의 말씀 – 네가 누워 있는 땅을 내가 너와 네 자손에게 주리라.

⑷ 네 자손이 동서남북에 가득 찰 것이다.

⑸ 땅의 모든 족속이 네 자손(그리스도)으로 말미암아 복을 받으리라.

⑹ 너와 함께 하며 너를 지킬 것이다.

너를 이 땅(가나안)으로 돌아오게 할 것이다.

⑺ 내가 네게 허락한 것을 이루기까지 너를 떠나지 않겠다.

* 이것이 야곱의 복이었으며, 그리스도를 영접한 성도의 복이다. 이것을 절대 놓치지 말자.

2. 야곱의 깨달음

(1) '어디에도 계시는 하나님을 알지 못했구나! 하나님께서는 어디에든지 계시는구나!'

(2) '바로 이곳이 하나님의 집이요, 하늘의 문이구나!'

(3) 하나님은 어디든 계신다.(무소부재) 우리들은 이것을 잘 깨달아야 한다.

3. 깨달음과 행함

(1) 깨달음이 있으면 바로 행해야 한다. – 행함이 없는 믿음은 죽은 믿음

(2) 돌기둥을 세우고 기름을 붓고 벧엘(하나님의 집)이라 칭함

(3) 야곱의 서원 – "말씀대로 이루어지면 여호와께서 나의 하나님이 될 것입니다. 그리고 성전이 될 것이고, 십일조를 반드시 드리겠습니다."

결론

성도에게 가장 중요한 복은 하나님께서 우리와 언제 어디서나 함께 하신다는 것을 깨닫는 것이다. 성도와 함께 하시는 하나님은 성도를 끝까지 책임지실 것이기 때문이다. 다른 어떤 복이 아닌 하나님이 함께 하시는 참된 복에 감사하는 성도가 되자.

58 | 언약을 가진 야곱의 시간표
(창 29:1~30)

서론

야곱이 형을 속이고 아버지를 속였기 때문에 자신도 외삼촌 라반에게 속았다고 말한다면 성경의 논리는 인과응보의 논리가 된다. 하지만 성경은 인과응보의 논리가 아니다. 오히려 성경은 이 사건을 통해서 우리에게 구원을 설명해주고 있다.

성경은 죄인의 구원사역을 위하여 하나님께서 역사하시고 인도하심을 보여준다. 신자들은 이것을 깨달아야 한다. 그래서 야곱의 고난을 잘 이해해야 한다. 인과응보가 아닌 완전하게, 시간표대로 인도하시는 하나님의 사랑을 깨달아야 한다.

1. 인도하시는 하나님

(1) 어디로 가야 할지 모르는 야곱이 우물에서 라헬을 만나게 된다.

(2) 그리고 라헬을 통하여 외삼촌인 라반을 만난다.

(3) 한 달을 라반과 함께 살았다.

(4) 15절 - 내가 조카에게 어떻게 거저로 일을 시키겠느냐? 네가 원하는 품삯을 이야기 하라.

(5) "저는 라헬을 사랑하기 때문에 라헬을 위하여 7년 동안 외삼촌을 섬기겠습니다." 그리고 야곱은 라헬을 사랑하여 칠년을 섬겼는데 며칠 같이 여기고 섬겼다.

(6) 이렇게 야곱은 거주할 수 있는 명분도 생겼고 시간이 흘러 외삼촌과 계약이 끝났다.

2. 야곱의 결혼

(1) 7년이 되어 딸을 달라고 하니 라반이 잔치를 베풀고 밤에 몰래 레아를 들여 보냈다. 야곱은 아침이 되어서야 이 사실을 알게 되었다.

(2) 야곱이 따졌지만 라반은 이 지역의 풍습을 말하면서 7년을 더 섬기라고 말한다.

(3) 14년 만에 두 여자와 빌하를 얻어 4명의 여자를 얻게 되었다.

(4) 그렇다면 언약을 잡은 야곱은 왜 억울하게 14년 동안 외삼촌 집에 머물게 되었을까?

3. 하나님의 시간표를 이해하자.

(1) 형의 엄청난 분노 때문이다.

(2) 하나님께서는 에서의 분노가 약화될 때까지 야곱을 외삼촌 집에 거주하게 하신 것이다.

(3) 그리고 14년은 형의 분노가 풀리는 시간표이다.

결론

그리스도를 통해 구원 받은 우리들에게도 하나님께서는 알맞은 시간표로 인도하신다. 현재의 상황이 하나님의 약속과 축복에서 멀어져 보여도 신자는 하나님께서 분명한 시간표로 인도하신다. 하나님의 인도하심을 믿고 나아가자.

59 | 복음의 전달자인 자녀의 복
(창 29:31~35)

서론

우리는 하나님의 뜻을 이루기 위하여 사는 인생으로 변했다. 전에는 우리의 욕심과 마음의 원하는 것을 하며 살았지만(엡 2:2~3) 이제는 하나님의 뜻을 위한 삶으로 바뀌었다. 이제부터는 완전히 다른 삶을 사는 인생이다.

1. 자녀에 대한 관점이 바뀌어야 한다.

(1) 우리는 예전에 욕심을 따라 사는 마귀의 자녀였다.

(2) 이제는 예수님과 함께 세상을 정복하는 기쁨으로 사는 인생으로 변했다.

(3) 그러므로 이제는 자녀가 나를 기쁘게 하는 존재가 아닌 언약의 전달자라는 것을 깨달아야 한다.

(4) 이것을 깨닫는 것이 남은 자(그루터기) 사상이다.

(5) '어린 아이들을 잘 키우자' 가 아니라 어린이가 언약을 전달 받아야 할 존재라는 것을 깨닫고, 언약을 전달할 자로 키우는 것이다.

(6) 한나가 깨달은 남은 자를 잘 이해해야 한다. 전에는 아들이 없어서 고통을 당했다. 그래서 고통을 없애기 위하여 기도하다가 이 시대에 꼭 필요한 남은 자를 깨달았다. 이 세상을 구원할 남은 자가 필요하다는 것을 깨달아 기도하기 시작했고, 그 응답으로 사무엘을 응답 받은 것이다.

2. 레아와 라헬

(1) 레아가 사랑 받지 못함을 보시고 그의 태를 여셨으나 … .

이 말은 레아가 야곱에게 사랑을 받지 못하니 불쌍해서 '애라도 가져라' 하고 태를 여신 것이 아니다. 야곱이 언약전달자를 깨닫지 못했기 때문에 레아와 잠자리를 같이 하지 않는 것이다.

(2) 그래서 라헬의 자녀가 언약의 바통을 얻은 것이다. – 유다

3. 깨달아야 쓰임 받는다.

(1) 첫째 아들 – 르우벤(여호와께서 나의 괴롬을 돌보셨다.)

(2) 둘째 아들 – 시므온(내가 사랑 받지 못함을 들으셨다.)

(3) 셋째 아들 – 레위(내 남편이 나와 연합하리라)

(4) 넷째 아들 – 유다(내가 이제는 여호와를 찬송하리로다)– 이때부터 출산이 멈추었다.

* 첫째부터 셋째까지는 자신의 괴로움을 피력했다. 당연히 이들에게 언약을 전달 할 수 없었다. 그러나 넷째부터 여호와를 찬송했다. 이제, 하나님에 대해 알게 된 것이다. 때문에 당연히 언약을 전달 할 수 있었다. 그래서 유다가 언약을 전달 받은 자녀가 된 것이다. 그리고 유다를 잘 키우기 위하여 태를 닫으신 것이다.

* 하나님의 자녀는 자녀관이 뚜렷해야 한다. 왜 자녀가 필요한지? 왜 자녀를 주시는지? 자녀는 어떤 존재인지를 정확히 깨달아야 한다.

결론

우리의 자녀에 대한 인식을 바꾸어야 한다. 자식은 언약을 전달하고 세계를 복음화 할 자녀들이다. 이것이 남은 자(그루터기) 사상이다. 이것이 신자들이 가져야 하는 올바른 자녀에 대한 관점이다.

60 | 불안한 야곱의 가정
(창 30:1~24)

서론

하나님의 자녀에게 있어서 그의 자식은 복음을 전해야 할 참된 제자라고 받아들여야 한다. 그것이 하나님의 뜻이다. 그러나 사탄은 부모에게 자식을 제자로 보지 않게 하고, 자신의 행복을 가져다주는 존재로 보게 한다. 우리는 이와 같은 사탄의 전략에 속지 말아야 한다. 자녀에 대한 잘못된 생각들로 말미암아 야곱 가정에 정상적인 질서를 깨뜨리는 결과를 가져오게 되었다.

1. 야곱의 12 명의 자녀들의 어머니

(1) 레아의 자식(6명)

① 르우벤– 보라 아들이라 ② 시므온– 기도를 들으심
③ 레 위– 함께 연합함 ④ 유 다– 여호와를 찬송함
⑨ 잇사갈– 보상을 받음 ⑩ 스블론– 함께 거처함

(2) 라헬의 자식(2명)

⑪ 요 셉– 치를 없앰 ⑫ 베냐민– 기쁨의 아들

(3) 실바의 자식(2명)

⑦ 갓– 행운 ⑧ 아 셀– 복 받은 자

(4) 빌하의 자식(2명)

⑤ 단– 하나님의 심판 ⑥ 납달리– 경쟁함

2. 야곱의 처신과 가정의 불화

(1) 라헬은 질투로 인한 빌하를 이용

(2) 레아는 질투로 인한 실바를 이용

(3) 야곱은 라헬의 투정에 화를 냈다.(2절)

– 자식은 하나님이 주시는 것을 분명히 알았다.

(4) 그러나 빌하를 주니 화를 내던 야곱이 바로 수긍하였다. 인간적인 체질이 남아 있었던 것이다.

(5) 레아도 자신의 시녀를 주었다.(불안과 초조 그리고 질투)

(6) 야곱은 하나님의 주권을 믿었지만, 하나님의 사람으로 살아야 하는 체질이 안 되었다.

– 그가 하나님의 거룩한 몸으로 치유가 안 되니 가정의 평화가 불안해졌다. 그 결과로 네 여자의 자식들의 불화, 네 여자의 질투, 네 여자의 암투가 시작되었던 것이다.

결론

결국 이들은 12지파를 형성하지만 야곱으로 인한 가정의 불화, 가정의 고통 등을 당하게 되었다. 만약 야곱이 하나님의 주권을 믿고 바르게 행했더라면 가정이 평화롭게 12지파를 형성하였을 것이다.

하나님의 약속은 분명히 이루어진다. 하지만 우리가 가지고 있는 죄악된 습성과 체질이 약속을 이루어나가는 과정에서 우리들에게 고통을 가져다 준다는 사실 역시 우리는 꼭 기억해야 한다.

61 | 삶에서 나타나는 복을 받은 증거
(창 30:25~43)

서론

야곱은 확실하게 이삭으로부터 복을 전달받았다. 이 복은 그리스도가 오실 계보의 복이다. 그리스도 때문에 이 세상에서 누릴 모든 복을 다 주신 것이다.

1. 가는 곳마다 복이 쏟아진 야곱

(1) 내 발이 닿는 곳마다 여호와께서 외삼촌에게 복을 주셨나이다(30절)

① 요셉의 복 - 요셉을 위하여 보디발의 집에 복을 주셨다.

② 하나님의 자녀가 가는 곳마다 복이 임하게 된다.

③ 회사에서, 학교에서, 교회에서 여러분이 가는 곳마다 하나님의 복이 쏟아질 것이다.

(2) 외삼촌께서 내게 아무것도 주시지 않아도(31절)

① 우리와 다르다. "아무것도 주시지 않아도"라는 말은 이미 욕심이 없어진 것이다. 왜냐하면 복을 알기 때문에 … .

② 복을 받을 자가 아니라 복의 근원인 것을 깨달은 것이다.

③ 인간이 주는 것 필요 없다. 오직 하나님이 함께 하시면 된다.

2. 이 일을 행하시면(31하)

(1) 복은 고향으로 가는 것이며, 그 고향은 그리스도가 오실 땅이다.

(2) 그리스도께서 오실 땅으로 가는 것이 복이라는 것을 깨달았다.

(3) 창 3:15

(4) 창 12:1~3

(5) 아브라함 – 이삭 – 야곱에게 전달된 언약을 정확히 깨달았다.

3. 지혜로운 야곱

(1) 말을 자꾸 바꾸는 삼촌을 간파했다.

(2) 야곱이 절대 말을 바꾸지 못하도록 정상적인 양과 얼룩진 양을 구별하도록 계약함

(3) 결과는 야곱의 생각대로 되었고 이를 통해서 우리는 하나님께서는 분명히 야곱 중심으로 세상을 돌리는 것을 깨달을 수 있다.

(4) 우리는 세상을 욕하거나 세상이 나쁘다고 말할 필요가 없다. 당연히 세상은 나쁜 것이다. – 사탄의 세상이기 때문이다.

(5) 그것을 뛰어넘는 지혜가 필요하다. 그래서 기도하는 것이다. 기도할 때 지혜를 주신다.

결론

이 세상에서는 힘이 우선이고, 돈이 우선이고, 숫자가 우선이다. 성도들도 세상이 말하는 우선적인 것을 복이라 착각한다. 하지만 하나님께서 저와 여러분을 부르신 이유는 숫자의 논리와 힘의 논리를 뛰어넘는 하나님의 지혜를 증거하기 위함이시다. 따라서 우리는 하나님의 지혜와 능력이 우리들을 통해 드러날 것임을 믿고 기도하면 된다. 그리하면 분명 우리들은 그 증거를 얻게 될 것이다.

31장 ~ 40장

강해

62 | 절대 손해를 보지 않는 전도자 (창 31:1~16)

서론

세상에서 살다보면 손해를 보는 일들이 많다. 어쩔 수 없이 손해를 보기도 하고, 더 큰 손해 때문에 작은 손해를 감수하기도 한다. 하나님의 자녀는 어떠할까? 결론적으로 절대 손해가 없다는 것이다. 전도자의 손해는 하나님께서 분명히 갚으신다.

1. 야곱이 본 손해

(1) 7절 – 품삯을 10번이나 변경했다.

(2) 1절 – 열심히 죽도록 일하고 라반의 자식들에게 누명까지 쓰게 되었다.

(3) 야곱이 본 손해의 개념

① 하나님이 그를 막으사 나를 해치지 못하게 하셨다.(7절)

② 하나님께서 점 있는 것이 네 삯이다 하면 온 양떼가 낳은 것이 점 있는 것이요 얼룩무늬 있는 것이 네 삯이야 하면 온 양 떼가 낳은 것이 얼룩무늬 있는 것이니(8절)

③ 하나님께서 그대들의 아버지의 가축을 빼앗아 내게 주셨느니라.(9절)

2. 갚으시는 하나님

(1) 우리의 일들을 다 보고 계시는 하나님(12절)

① 억울한 일도 다 보고 계신다.

② 속상한 일도 다 보고 계신다.

③ 괴로운 일도 다 보고 계신다.

(2) 그리고 분명히 갚으시는 하나님(7~10)

(3) 결국 라헬과 레아도 변하게 하셨다.(14~16)

3. 하나님께서 택한 자들은 전도자의 모델이기 때문이다.

(1) 벧엘의 하나님(창 28:10~22)

(2) 서원한 야곱(28:20~22)

(3) 출생지로 돌아가라(13절)

(4) 그리스도와 가나안을 깨달은 야곱(창 3:15, 창 12:1~3, 창 28:20~22)

(5) 이 시대의 전도자의 모델이 야곱이다. 그러니 절대 손해가 없다.

결론

우리는 야곱처럼 이 시대에서 전도자의 모델이다. 우리가 예수 그리스도만이 진정한 구원자임을 알고, 왜 전도를 해야 하는지 알고, 스스로의 전도현장을 안다면 이 시대의 전도자가 맞다. 전도자는 당장 눈앞에서는 손해처럼 보일지라도 절대 손해는 없을 것이다.

하나님께서 전도자의 모델로 여러분을 부르셨기 때문에 여러분 중심으로 모든 것이 변할 것이다. 눈앞에 이익보다 하나님의 뜻을 헤아릴 줄 아는 성도가 되자.

63 | 어떤 방해도 이길 수 없는 복음
(창 31:17~42)

서론

전도자가 가는 길에는 항상 방해 요소가 있다. 이제 라헬과 레아도 아버지와 이별하고, 자식들과 모든 재산을 가지고 그리스도가 오실 가나안 땅으로 간다. 그런데 방해요소가 생겼다.

우리들에게도 이런 문제가 온다. 분명히 하나님의 뜻을 따라 움직였는데 방해가 있다. 바울도 분명히 하나님의 뜻을 따라 움직였는데 엄청난 방해가 있었다. 그러나 그 방해가 절대 전도자를 이길 수 없었다. 이것을 우리는 배워야 한다.

1. 가나안으로 출발하는 야곱(17~21)

(1) 삼촌인 라반이 양털을 깎으러 집을 비운 사이에 자식들과 아내들과 함께 몰래 출발했다.

(2) 모든 가축과 모든 소유물을 가지고 출발했다.

(3) 라헬은 아버지의 드라빔을 훔쳐서 출발했다.

(4) 그러나 야곱의 여행이 사흘 만에 라반에게 알려지게 되었다.

2. 라반의 추격

(1) 라반은 형제들과 함께 7일 길을 쫓아갔다.

(2) 라반은 야곱에 대한 자신의 과실에 대해서는 생각하지 않고, 자신이 배반당했다고 생각하고 야곱을 쫓아와서 죽이려고 했다.

(3) 당시에, 라반에게는 야곱을 죽일 수 있는 힘이 있었고, 야곱은 라반

의 죽음 아래 있었다.

29절, "너를 해할 만한 능력이 내 손에 있으나"

3. 하나님의 사랑과 인도

(1) 하지만 그 밤에 하나님께서 라반에게 나타나셔서 "너는 야곱에게 잘 잘못을 말하지 말라"고 말씀하셨다.(24절)

(2) 그리고 야곱은 하나님의 인도하심을 깨달았다.

42절, "하나님이 내 고난과 내 손의 수고를 보시고 어제 밤에 외삼촌을 책망하셨나이다."

(3) 이처럼 신자들은 죽음의 위기에서 역사하신 하나님의 사랑을 알아야 한다.

(4) 하나님의 자녀는 하나님의 뜻을 이루어갈 때 어떤 고난과 어떤 고통이 있더라고 책임지신다는 것을 깨달아야 한다.

(5) 엄청난 방해가 있어도 절대로 복음을 이길 수 없다.

결론

우리는 무엇을 바라보고 가야 할 것인가? 눈앞에 닥쳐진 죽음의 위기인가? 만일, 아니라면 그 죽음 속에서 나를 인도하실 밤에 나타나신 하나님이신가?

64 | 방해를 언약으로 바꾸신 하나님
(창 31:43~55)

서론

라반이 야곱을 괴롭혔던 것처럼 전도자가 가는 길에는 항상 방해 요소가 있다. 오히려 평안히 가는 것이 이상할 정도이다. 그러나 하나님께서는 방해요소를 하나하나 다 해결해 나가신다. 그렇게 하여 전도자에게 갈 길을 열어놓으시고, 복음을 전하게 하신다.

1. 죽이려고 쫓아온 라반

(1) 라반의 분노(31:29)

> "너를 해할 만한 능력이 내 손에 있으나 너희 아버지의 하나님이 어제 밤에 내게 말씀하시기를 너는 삼가 야곱에게 선악 간에 말하지 말라 하셨느니라."

(2) 만약 하나님께서 말씀하지 않으셨으면 죽였을 것이다.

(3) 만약 죽이지 않더라도 인간적인 계산을 잘 하는 라반은 드라빔을 도둑 맞은 것은 좋은 건수로 생각할 수 있다. 다시 야곱을 노예로 전락시킬 기회였기 때문이다.

2. 언약하는 라반

(1) 하나님의 개입하심

(2) 하나님의 책망(31:42)

> "우리 아버지의 하나님, 아브라함의 하나님 곧 이삭이 경외하는 이가 나와 함께 계시지 아니하셨더라면 외삼촌께서 이제 나를 빈손으로

돌려보내셨으리이다마는 하나님이 내 고난과 내 손의 수고를 보시고 어제 밤에 외삼촌을 책망하셨나이다."

(3) 돌을 가져다가 돌 무더기를 세우고 거기에서 서로 언약함

(4) 갈루엣(증거의 무더기), 미스바(너와 나 사이를 살피시옵소서)

(5) 내 딸을 박해하거나 다른 아내를 맞이하면 하나님이 증인이 되실 것이다.

(6) 서로 갈루엣을 넘어서 해하지 말자.

3. 전도자의 모델인 야곱의 길을 인도하시는 하나님

(1) 언약의 땅인 가나안으로 돌아가는 야곱

(2) 드라빔 사건을 해결 해 주신 하나님

(3) 삼촌에게 꿈에 나타나셔서 개입하신 하나님

결론

전도자의 모델인 우리가 가는 길에 항상 방해요소가 있다. 하나님의 개입과 하나님의 역사를 체험하라. 마귀는 방해를 통해서 나를 죄의 노예로 다시 전락시키려 한다.

문제가 있고, 방해요소가 있다는 것은 하나님의 능력을 체험할 기회이고, 하나님의 개입을 확인할 기회이다. 전도자는 방해를 두려워 할 필요가 없다. 전도자에게는 어떤 방해도 상관없다.

65 | 불가능을 뛰어넘는 방법
(창 32:1~32)

서론

이제, 야곱은 언약의 땅인 가나안으로 간다. 그러나 너무나 큰 방해가 있다. 큰 산이 가로 막고 있는 것이다. 이 산을 넘기 위하여 야곱은 전략을 짜고 있다. 인간적인 방법으로 전략을 짜지만 결국 그것은 실패한다. 야곱이 성공한 방법은 '하나님의 도우심' 이다. 이 방법을 통해서 야곱은 결국 '에서' 라는 큰 산을 넘고 언약의 땅인 가나안에 입성하게 된다.

1. 야곱이 처한 상황(불가능한 상황)

(1) 3~5절 – 먼저 자신의 사자들을 먼저 보냈다.

(2) 6절 – 400 명의 군사를 데리고 야곱을 만나러 오고 있다.

(3) 7절 – 야곱은 심히 두렵고 답답했다.

(4) 7~8절 – 급하니 인본주의가 나왔다.

(5) 9~12절 – 언약적 기도를 하는 야곱

2. 천사의 도움으로 이 상황을 뛰어넘는다.

(1) 야곱이 길을 가는데 하나님의 사자들이 그를 만났다.(1절)

(2) 야곱은 그 천사를 보고 하나님의 군대라고 불렀다.

(3) 그 땅을 마하나임이라고 불렀다.

– 마하나임은 두 군대라는 뜻인데, 야곱의 가는 길에 앞과 뒤에서 지키셨다는 것을 깨닫고 그 지역 이름을 마하나임이라고 부른 것이다.

(4) 하나님의 뜻을 따라서 움직일 때, 언약의 길을 갈 때, 어떤 문제가 오더라도 어떤 상황이 오더라도 천사가 앞과 뒤에서 지켜 주는 것을 깨달아야 한다.

3. 기도로 이 상황을 뛰어넘는다.

(1) 13~23절

– 전략을 실행하는 야곱

(2) 24~32절

– 천사와 씨름하면서 축복을 받아내는 야곱(끈기 있는 기도, 눅 11:1~13)

– 될 때까지 기도하라는 말이 바로 이 말이다.

(3) 야곱을 이스라엘이라는 이름으로 바꾸어주신 하나님

(4) 하나님을 이기는 방법은 기도이다.(마 16:19)

(5) 브니엘의 복: 하나님의 얼굴을 마주 대했지만 죽지 않았다.(엄청난 뜻이 있다.)

결론

우리는 누구인가? 야곱과 같은 언약의 자녀이다. 따라서 우리도 불가능한 상황에서 인본주의가 아닌 하나님의 도우심과 인도하심을 구해야 한다. 기도하면 하나님께서 역사하신다. 그리고 천사는 언약의 자녀인 우리를 도와준다.(히 1:14)

66 | 에서를 만나는 야곱
(창 33:1~20)

서론

아무리 방해가 있어도 야곱은 에서를 만나고 결국에는 가나안으로 입성한다. 언약으로 주어진 땅, 즉 예수 그리스도가 오실 땅, 절대 잊어서는 안 되는 땅, 절대 떠나서는 안 되는 땅으로 돌아오게 된 것이다.

1. 변화된 에서

(1) 라반에 이어 다시 한 번 죽음의 상황을 맞는 야곱(32:6)

(2) 언약을 잡고 기도하는 야곱(32:10~13)

(3) 천사와 씨름 – 생명을 건 기도(32:13~32)

(4) 그 후 갑작스런 에서의 변화

① 에서가 달려와서 그를 맞이하여 안고 목을 어긋 맞추어 그와 입맞추고 서로 우니라.(4절)

② 내게 있는 것이 족하니 네 소유는 네게 두라.(9절)

2. 야곱의 믿음

(1) 죽음의 상황에서도 은혜를 베푸시는 하나님을 믿는 야곱(11절)

(2) 정확히 복음을 깨달은 야곱(20절)

(3) 기도응답을 정확히 아는 야곱(천사와의 씨름에서 내게 복을 주지 않으면 놓지 않겠습니다, 32:26)

3. 우리의 기도

(1) 살다 보면 많은 문제와 상황이 온다. 야곱이나 우리나 똑같다.

(2) 걱정하고 살 것인가? 걱정을 해결할 예수 이름으로 기도할 것인가? 야곱은 기도해서 죽음의 문제도 뛰어넘었다.

(3) 그런데 정말 중요한 것은 기도의 내용이다. 이 기도는 언약적 기도가 되어야 한다.

① 나는 야곱입니다. 나는 그리스도가 와야 할 계보입니다. 그러므로 나는 가나안에 가야 합니다. 그런데 우리 형이 나를 죽이려고 옵니다.

② 나는 ○○○입니다. 나는 세계복음화 때문에 부르셨습니다. 지금 나는 이 문제 때문에 세계복음화에 방해를 받습니다.

(4) 이 언약적 기도는 하나님의 응답을 받는다. 야곱처럼 천사를 보내셔서 축복하신다.

(5) 이 언약적 기도는 문제를 뛰어넘어 하나님의 뜻을 이룬다.

결론

언약의 자녀는 언약적으로 기도해야 한다. 단순히 세상의 문제 해결에 대한 기도가 아닌, 나의 신분과 내가 궁극적으로 해야 할 일이 무엇인지 깨닫고 기도해야 한다.

우리의 신분은 하나님의 자녀이고, 하나님께서 주신 약속은 세계복음화이다. 이것을 이루는 기도를 한다면 다른 여러 가지 세상적인 문제는 하나님께서 해결하실 것이다. 올바른 기도로 올바른 응답을 받자.

67 | 육신적인 눈과 영적인 눈
(창 34:1~31)

서론

야곱의 딸 디나가 가나안 땅의 원주민 추장에게 강간을 당하자, 야곱의 아들들은 이 사실을 듣고 추장의 가족과 많은 남자를 다 죽였다. 이 사건을 가지고 야곱은 "저들이 나를 죽이리니 나와 내 집이 멸망하리라." 라고 말했는데, 시므온과 레위는 아버지에게 "그러면 우리 누이를 창녀 같이 대우해요?" 라고 아버지에게 대들었다.

1. 야곱이 걱정한 죽음

(1) 영적인 의미에서 야곱의 가문은 그리스도의 가문이다. 따라서 그리스도의 계보가 죽으면 안 됨을 걱정한다.
(2) 야곱의 입장에서는 이 가문이 없어지면 안 된다.
(3) 이 가문은 약속을 따라 하나님의 축복을 누려야 한다.
(4) 그러므로 죽으면 안 되는 것이다.

2. 아들들이 본 죽음

(1) 야곱은 그리스도의 계보가 끊어지는 것을 두려워했다. 그래서 그들이 복수를 할 것을 염려해 아들들을 책망하였다.
(2) 하지만 아들은 그러한 개념이 없어서 단순한 육신적인 일로만 이번 사건을 보았다.
(3) 그러니 아버지와 아들의 대화가 다를 수밖에 없다.
(4) 야곱은 영적인 눈으로 가문의 죽음을 보았고, 그의 아들들은 육신의

눈으로 죽음을 단순하게 본 것이다.

3. 정당성과 의로움을 내세운 살육의 아들들

(1) 육신의 눈으로만 본다면 분명히 야곱의 아들들이 살인한 것들에 대하여 정당성이 있었다.

(2) 죄에 대한 의로움도 있었다.

(3) 그러나 한 사람의 강간 당함과 수많은 사람들의 죽음이 어떻게 정당한가?

(4) 결국 언약 없는 죄의 정당성은 비참한 결과를 가져온다. 사탄은 죄도 정당성을 갖게 만들고, 죄를 짓게 한다.

(5) 이번 경우는 정당성을 가지고 보복을 하게 하여 더 큰 죄를 짓게 하였다. 이것이 사탄의 보복성이다. 이것을 막기 위해 구약에서는 '눈에는 눈, 이에는 이' 라고 한 것이다. 당한 만큼만 보복하라는 것이다.

(6) 그러나 예수님께서 오신 이후로는 그 보복성마저 뛰어넘어야 하였다. 예수님은 절대 보복하지 말라고 하셨다.

결론

이 모든 사건의 시작은 디나이다. 디나는 육신의 욕심을 따라 행동하여 자신의 가정에 이런 결과를 낳게 되었다. 즉, 그리스도의 계보가 끊어질 상황을 초래하고, 수많은 남자가 살육되게 하였다.

우리들도 세상을 살면서 '육신의 욕심' 보다 더 중요한 '언약의 자녀' 라는 사실을 꼭 놓치지 않아야 한다.

68 | 예배에 성공하고 참된 복을 받는 야곱
(창 35:1~15)

서론

하나님의 자녀들은 하나님의 함께 하심과 하나님의 인도하심 그리고 하나님의 역사하심을 믿고 가야 한다. 진짜로 믿어질 때 걱정도 없어지고 근심도 없어진다. 엄청난 걱정거리, 엄청난 근심거리를 지나 간 후에 야곱은 하나님에게 큰 복을 받기 시작한다.

1. 야곱의 순종과 신앙적 결단

(1) 야곱에게 하나님께서 제단을 쌓으라고 말씀하셨다.(35:1)
(2) 하나님의 말씀에 따라 자기와 관련된 모든 이들에게 이방 신상을 버리고 하나님께 제단을 쌓는 일에 같이 참여하라고 한다.
(3) 모든 사람들이 이방 신상들과 귀고리들을 야곱에게 주니 야곱은 상수리나무 아래에 묻었다.
(4) 벧엘에 이르러 그곳에서 제단을 쌓게 된다.

2. 야곱이 받은 엄청난 복

(1) 하나님께서는 야곱에게 이스라엘이라는 이름을 주시면서 처음 인간에게 주셨던 복을 주셨다.(창 1:27~28)
(2) 아브라함에게 주셨던 약속과 이삭에게 전달된 약속을 야곱이 성취하게 되는 것이다.
(3) 하나님의 말씀에 순종한 야곱은 아브라함과 이삭의 복을 그대로 전달 받고 성취하는 복을 누리게 된다.

(4) 참된 예배는 하나님의 약속을 그대로 받는 엄청난 사건이다. 예배에 성공하자.

3. 예배의 성공이란?

(1) 그리스도 중심의 예배가 성공적 예배이다.(요 4:23~24) 영(성령), 진리(그리스도)

(2) 예배 중 찬송에 성공하는 것이 성공적 예배이다. 찬송하면서 다른 생각, 다른 마음을 갖지 않고, 오직 가사에 마음을 두는 것이 성공이다. 마귀는 찬송에 성공할까봐 마음과 생각을 빼앗아간다. 찬송은 악신을 떠나게 한다.(삼상 16:23)

(3) 예배 중 대표기도에 성공해야 한다. 대표기도를 할 때 집중해야 한다. 대표기도 할 때 성공하는지 확인해보라.

(4) 예배 중 헌금에 성공해야 한다. 자원하는 마음으로 감사한 마음으로 헌금했는가?

(5) 예배 중 광고에 성공해야 한다. 광고를 들으면서 내가 해야 할 일을 찾는 것이 성공이다.

(6) 축도에 성공해야 한다. 축도할 때 어떤 마음인가? 축도가 사실적으로 내 생활과 내 인생에 적용되는가?

결론

예배에 성공한 야곱은 엄청난 복을 받게 된다. 예배에 성공하여 성경에 약속된 모든 말씀을 우리의 응답이 되게 하자.

69 | 언약가정의 심각한 문제
(창 35:16~22)

서론

야곱은 분명한 언약을 붙잡았다. 그러나 야곱의 가정에는 영적인 문제가 있었다. 영적인 문제를 해결하는 길은 오직 그리스도 밖에는 없다. 왜 우리에게 영적인 문제가 오며, 그렇다면 어떻게 해결해야 하는가? 오늘의 말씀에서 그 답을 가르쳐 준다.

1. 절대 변하지 않는 언약의 야곱

(1) 야곱이 전달 받은 언약

① 아브라함에게 주신 언약 – 창 12:1~4

② 이삭에게 전달된 언약 – 창 26:2~4

③ 야곱이 전달받은 언약 – 창 35:9~15

(2) 언약대로 가나안 땅을 늘 그리워하는 야곱

(3) 생명을 걸고 가나안 땅으로 간 야곱

① 창 31:1~42(라반)

② 창 33:1~20(에서)

(4) 야곱은 자신을 통하여 이스라엘 나라가 세워질 것이고, 그 자손을 통하여 그리스도가 올 것이라는 것을 절대 잊지 않았다.

2. 이런 가정에도 심각한 문제가 있다.

(1) 라헬의 심각한 불신앙 문제

① 산고를 겪는 라헬

② 자식 이름을 베노니라고 지었다.(슬픔의 아들)

(2) 르우벤의 성적 문제

① 아버지의 첩인 빌하(라헬의 몸종)와 동침함

② 첫째 아들의 장자권을 놓침

(3) 언약적 생각이 아닌 인간적 생각은 영적 문제를 해결하지 못한다.

3. 인생의 모든 문제에 그 해결은 오직 그리스도 뿐이시다.

(1) 창 3:1~6 → 요 14:6

(2) 롬 3:23 → 롬 8:2

(3) 요 8:44 → 요일 3:8

결론

우리는 문제의 해결자가 되시는 예수 그리스도에게로 나와야 한다. 그리고 이 땅을 떠나 천국에 들어가지 전까지는 그리스도를 늘 생각해야 한다. 한번 구원받았다고 해서 끝나는 것이 아니다.

이 땅에서 살아가는 동안에, 어떤 문제 속에서도 그리스도를 붙잡는 것이 해결책이다. 다른 것으로는 해결할 수 없다. 성경에서는 우리가 그리스도를 놓치지 않는 방법을 설명해 주었는데, 바로 예배와 기도와 전도이다.

70 | 12지파의 형성
(창 35:23~29)

서론

야곱은 12 명의 아들을 낳아 12 지파를 형성했다. 하나님의 약속이 이루어진 것이다. 10절에 보면, "네 이름이 야곱이지마는 네 이름을 다시는 야곱이라 부르지 않겠고 이스라엘이 네 이름이 되리라 하시고" 12절에 "아브라함과 이삭에게 준 땅을 네게 주고 내가 네 후손에게도 그 땅을 주리라"고 하셨다. 그 말씀대로 이루시기 위하여 12 명의 아들 을 주셨다.

그리고 36장에 보면 에서의 자손 이야기가 나온다. 그 이유는 언약의 자손과 언약을 놓친 자손은 어떻게 다른가를 비교하기 위함이다.

본문의 말씀을 대하면서, "우리는 어떤 자손이 되어야 할까?"를 고민하는 기회가 되시기 바란다.

1. 하나님의 말씀은 절대 변하지 않는다.

(1) 아브라함에게 약속하신 언약 – 창 12:1~4

– 야곱이 전달받은 언약 – 창 35:9~15

(2) 이 언약을 안 놓친 이삭 – 창 26:2~4

(3) 형도 놓쳤는데 야곱은 놓치지 않았다. – 창 35:9~15

(4) 언약을 붙잡으면 그 언약대로 역사하신다.

하나님 말씀은 살아있고 운동력이 있기 때문이다. – 히 4:12

2. 언약의 자손의 삶은 하나님께서 개입하신다.

(1) 언약의 야곱이 에서에게 지는 것 같다.

(2) 도망가야 하는 야곱

(3) 외삼촌에게 속는 야곱

(4) 야곱의 인생이 고난이고, 고통 같지만 하나님은 그에게 늘 동행하시고, 늘 인도하셨고, 늘 역사하셨다.

(5) 그래서 결론 신앙이 중요하다. 어떤 결론이 있을 것인가?
야곱의 결론은 12지파를 통하여 이스라엘이라는 나라가 이루어졌다.
에서의 결론은 이스라엘을 괴롭히는 민족이 되었다.(복음을 막는 에돔 족속)

3. 절대 세계복음화의 언약을 놓치지 말자.

(1) 성공하는 것 같은 세상 사람들

(2) 실패한 것 같은 언약의 사람들

(3) 결론은 하나님의 나라의 형성과 그 방해의 사람들이다.

결론

겉으로는 실패한 것 같이 보여도 언약을 잡은 자손들은 결국 성공하게 되어 있다. 그것은 하나님께서 그렇게 계획하셨기 때문이다.
여러분은 언약을 잡고 갈 것인가? 아니면 세상 사람들처럼 살 것인가?
우리의 선택의 따라 우리 후손들의 결과는 달라질 수밖에 없다.

71 | 복음을 떠난 에서의 결과
(창 36:1~43)

서론

에서는 세상에서 보면 성공한 사람이다. 엄청난 부와 엄청난 족장들을 나게 하였고, 호리 족속의 족장들과 통혼하여 큰 나라를 이루었다. 그러나 에서는 가나안을 떠난 언약의 자손이 되지 못하고 불신앙의 족속이 되었다. 에돔은 늘 이스라엘을 괴롭혔고, 하나님의 백성을 괴롭히면서 하나님에게 반역하는 엄청난 일들을 저질렀다. 복음을 떠난 결과는 엄청나다.

1. 에서의 자손들(1~19)

(1) 에서는 소유가 풍부했다.(7절)

(2) 에서는 세일산을 거주지로 삼았다.

(3) 가나안을 떠났다.

(4) 절대 떠나지 말라는 가나안 땅을 떠나 세일 산을 선택했다.

(5) 많은 족장이 나왔다.

– 에돔의 풍성함과 나라의 확장

(6) 세상적으로 볼 때는 성공한 사람이 에서라고 말할 수 있다. 그러나 그는 언약의 땅을 떠나고 말았다.

2. 호리 족속(20~30)

(1) 호리 족속은 세일산에 거주하는 원주민이었다.

(2) 에돔은 이들과 통혼하였다.

(3) 같이 성장하면서 같이 살았다.
(4) 하나님 없는 사람들끼리 서로 잘 돕고 살았다.
(5) 그리하여 복음을 막는 에돔과 하나가 되었다.

3. 에돔의 왕들(31~43)

(1) 이스라엘에는 왕이 없었지만 에돔에는 왕이 있었다.(31절)
(2) 나중에, 이스라엘 백성은 이 나라들의 왕들을 부러워했다. 그것은 하나님을 떠난 어리석은 생각이었다.(사사기)
(3) 에돔은 환경적으로 엄청 번성하고, 엄청 잘 살고, 엄청 잘 나가는 것 같았지만, 결국에는 하나님의 일에 방해하는 사탄의 앞잡이가 되었다.
(4) 우리는 어떤 가치관을 가지고 살아야 하나?
– 이스라엘 같이 복음 안에서 살아야 하나?
– 아니면 복음 밖에서 살아야 하나?
(5) 복음 없는 부자들, 복음 없는 인기인들, 복음 없는 정치인들, 복음 없는 경제인들을 보라.

결론

복음 밖에 있는 사람들의 성공은 눈에 보이는 성공이자 하나님과 반대되는 성공이다. 따라서 우리는 세상을 살아갈 때, 복음 안에 있어야 한다. 복음 밖에 있는 성공이 진짜 성공인 것 같이 보여도 그 성공은 하나님 입장에서는 '실패한 성공' 일 뿐이다.

72 | 언약을 소유한 요셉
(창 37:1~36)

서론

'언약을 소유했으면 잘 풀려야 하는데 왜 인생이 잘 풀리지 않을까?' 이것이 신앙생활을 하는 우리들의 질문이다. 요셉은 분명히 하나님이 주신 언약을 소유했고, 그 언약을 잊지 않았다. 그렇다면 언약대로 인생이 술술 잘 풀려야 하는데 형들에게 노예로 팔리는 신세가 되었다. 이 사건을 보면서 우리는 무엇을 깨달아야 하는가?

1. 언약의 요셉

(1) 아버지의 사랑을 받은 요셉(1~4절) – 형들에게 미움을 받게 된다.

(2) 언약을 확실히 잡은 요셉(5~6절)

(3) 곡식 단을 통하여 형제들보다 큰 사람이 될 것을 형들에게 말했다. (7~8절)

– 형들에게 전보다 더욱 미움을 받는다.

(4) 아버지보다 더 큰 사람이 될 것을 다시 말하는 요셉(9~10절)

– 아버지에게도 야단 맞는 요셉

(5) 그 말을 간직한 야곱(11절) – 야곱은 분명히 언약과 축복을 체험했고 그 언약을 깨달은 요셉을 알게 된 것이다.

2. 팔리는 요셉

(1) 야곱의 말에 순종하여 형들에게 가는 요셉(12~17절)

(2) 요셉을 죽이려고 모의하는 형들(18~20절)

(3) 분명히 죽을 요셉을 르우벤을 통하여 살리시는 하나님(21~22절)

(4) 구덩이에 던졌는데 물이 없었더라(23~24절)

분명히 구덩이에는 물이 있어야 하는데 물이 없었다. 극한 상황이 오면 하나님이 안 계신 것 같지만 결국에는 언약을 잡은 자를 인도하시고, 역사하시는 하나님을 깨달아야 한다.

(5) 상인들에게 팔리는 요셉(25~28절)

(6) 죽을 요셉 대신 숫염소를 죽이고, 요셉의 옷에다 피를 묻혀 아버지에게 보낸 형들(29~35절)

(7) 보디발에게 팔린 요셉(36절)

3. 언약의 시작

(1) 노예에게 팔린 것은 어떻게 보면 무너진 것 같지만, 그 속에서도 하나님의 계획이 있다. 하나님께서 요셉을 애굽의 총리로 사용하시기 위해 준비하신 것이다.

(2) 요셉의 편에서 볼 때, 정상적이면 애굽이란 나라에 갈 수 없다. 그래서 하나님께서는 요셉을 팔아서라도 애굽으로 보낸 것이다. 이를 위해 형들에게 미움을 받게 된 것이다. 언약의 자녀는 미움을 받아도 절대 염려 할 필요가 없고 걱정할 필요가 없다. 축복의 시작이다.

결론

요셉은 언약을 분명하게 알았다. 요셉의 언약은 그리스도 축복을 붙잡은 것이다. 그것 때문에 세계 최고의 나라에서 최고의 직분을 주시려고 하신 것이다.

73 | 갑자기 등장한 유다와 다말
(창 38:1~30)

서론

창세기는 이야기체로 쓰여 있지만 구원의 책이다. 구원하시기 위하여 그리스도를 보내주시겠다고 약속하셨고, 그 약속을 이루어나가는 구원이 중심이 되는 책이다. 그러므로 성경을 볼 때, 이야기로만 보지 말고 구원하실 그리스도를 이 땅에 보내주시려는 하나님의 인도와 하나님의 역사와 하나님의 경륜 등을 보아야 한다.

1. 창세기 이야기의 전개

(1) 인간을 창조하신 이야기

(2) 인간의 죄와 저주 이야기

(3) 저주 받기 전에 그리스도를 약속하신 이야기

(4) 그리스도를 깨닫게 하시기 위하여 동물을 희생시키신 이야기

(5) 그리스도를 이해한 제사와 그리스도를 이해하지 못한 제사의 결과 이야기

(6) 아브라함 가문을 통하여 가나안 땅에서 그리스도가 태어날 것을 약속하신 이야기

(7) 아브라함, 이삭, 야곱, 요셉이 그리스도를 깨달은 이야기

2. 갑자기 나타난 유다와 다말의 이야기

(1) 그리스도를 위해 하나님께서 택하신 혈통적 계보는 아브라함, 이삭, 야곱, 유다이다.

(2) 그런데 이 가정에 문제가 일어난다.

(3) 다말이 유다의 집안으로 시집을 왔다.

(4) 그런데 장남이 죄로 인하여 죽었다.

(5) 다말을 둘째가 취했지만 그도 하나님 앞에서 죄로 인해 죽었다.

(6) 이제, 당연히 셋째가 다말을 취해야 하는데 유다가 그리스도 계보의 비밀을 깨닫지 못하고, 막내를 다말에게 주지 않았다. 막내도 죽을까 봐 주지 않았던 것이다.

(7) 하지만 언약을 더 잘 알았던 다말의 결단으로 유다의 씨를 받아 그리스도의 계보를 잇게 되었다.

(8) 본문은 그리스도가 탄생되기까지의 일을 기록한 것이다.

3. 하나님의 사랑

(1) 이 사건을 통해서 우리들은 어떤 과정 속에서도 그리스도를 주시고자 하시는 하나님의 사랑을 깨달아야 한다.

(2) 그리스도의 계보를 끊으려는 사탄의 전략도 알아야 한다.

(3) 그리스도 언약은 절대로 변하지 않는다.

(4) 그 사랑은 그리스도의 희생으로 연결되었고 우리들의 행복으로 완성되었다.

결론

하나님의 언약은 어떤 상황에서도 이루어진다. 우리는 이것을 보아야 한다. 절대 없어지지 않는 하나님의 말씀을 붙잡는 성도가 되자.

74 | 요셉을 준비시키시는 하나님
(창 39:1~6)

서론

본문에서 몇 가지 단어를 유심히 살펴볼 필요가 있다.

2절, "요셉과 함께 하시므로"

3절, "그 주인이 요셉과 함께 하심을 보며 범사에 형통하게 하심을 보았더라"

5절, "그의 소유물을 주관하게 한 때부터 요셉을 위하여 애굽 사람의 집에 복을 내리시므로"

이러한 단어들은 요셉의 축복과 관련이 깊다.

1. 구원의 비밀을 누리는 요셉

(1) 창 3장 사건과 저주

(2) 해결책 그리스도

(3) 그리스도의 비밀인 참된 제사(희생제사)

(4) 창 1:27 회복(임마누엘과 누림)

(5) 창 1:28 회복(세계복음화)

(6) 구원의 비밀은 "함께"이다. 이것은 범사에 형통을 가져온다.

(7) 요셉은 어떤 상황에서도 "함께"의 비밀을 절대 놓치지 않았다.

2. 경제를 배우는 요셉

(1) 절대 잊지 않는 임마누엘과 하나님이 주신 언약

(2) 형들과 부모님께서 나에게 절을 할 정도로 나를 사용하신다는 것을 절대 잊지 않음

(3) 총리가 되려면 경제를 알아야 한다.

(4) 보디발의 집에 경제 축복을 쏟아 부어주신 하나님

(5) 가정 총무로서 경제를 자동으로 배우게 되는 요셉

(6) 왜 요셉이 아닌 보디발의 집이 축복을 받았는가?

(7) 요셉의 예비와 준비를 위해서이다. 우리는 미리 준비시키시는 하나님을 깨달아야 한다.

(8) 나 하나 때문에 가정이, 회사가, 사회가, 국가가, 세계가 복을 받아야 한다. – 복의 근원이 된 나를 절대 잊지 말자.

3. 우리를 사용하시기 위하여 미리 준비시키시는 하나님

(1) 부자로 자란 사람을 가난으로 내몰았다.

(2) 남을 이해하지 못한 사람을 이해하도록 미리 준비하셨다.

(3) '나' 중심으로 살았는데 '우리' 중심으로 살게 하셨다. – 공동체 의식

(4) 나만 복 받으면 된다는 의식에서 세계가 복을 받아야 한다는 것을 알게 하셨다. – 세계적 의식

결론

우리 신자들은 주어진 환경에서 왜 최선을 다해 공부를 해야 하는가? 마찬가지로, 돈을 왜 벌어야 하는가? 세계복음화를 위해 하나님께서 우리를 인도하고 계시며, 우리를 통해서 하나님의 역사하심이 이루어지기 때문이다.

75 | 범사에 형통한 요셉
(창 39:7~23)

서론

신자들은 원래 형통한 복을 받았다. 하지만 많은 분들은 이미 형통한 복을 받았음에도 불구하고, 그 사실을 모르고 있다. 본문을 살피면서 우리에게 주신 형통한 복을 깨닫기를 바란다. 그리고 형통한 복을 누리는 제자가 되기를 기도한다.

1. 형통의 복을 받은 요셉

(1) 인간의 눈으로 본 요셉 – 고통과 괴로운 인생

(2) 하나님의 눈으로 본 요셉 – 언약을 성취하는 과정

(3) 임마누엘의 복을 받은 요셉 – "함께"와 "형통"(2, 3, 21, 22, 23)

(4) 우리도 형통의 복을 받을 수 있다. 이 형통의 복은 처음 인간의 회복이다.

(5) 이 복을 받는 방법은 오직 예수 그리스도이시다.(행 4:12)

(6) 우리 모두 형통의 복을 받은 것이다.

2. 형통의 복을 누리는 요셉

(1) 아무리 형통의 복을 받았을지라도 누리지 못하면 아무 소용이 없다.

(2) 얼마나 누렸는가?

보디발은 요셉과 함께 하심을 보았다.(3~6절)

간수장이 요셉의 형통함을 보았다.(21~23절)

(3) 형통한 사람은 인간적인 방법을 사용할 필요가 없다.

보디발의 아내가 동침하자고 해도 뿌리쳤다. 만약 관계가 있었다면 요셉은 훨씬 더 편했을 것이다. 그러나 오직 하나님의 약속만 붙잡았다. 그것이 형통의 방법이다.

(4) 우리들에게도 계속 인간적인 유혹이 다가온다. 어떻게 뿌리칠 수 있는가?

– 오직 함께,

– 오직 형통,

– 오직 언약이다.

(5) 요셉의 시대에는 요셉이 형통의 모델이다.

(6) 이 시대에는 내가 형통의 모델이다.

3. 형통의 복을 받고 누릴 전도자들

(1) 예수 그리스도와 구원

(2) 구원과 임마누엘

(3) 임마누엘과 형통

(4) 형통과 전도, 선교

결론

상황과 환경 앞에 우리는 속을 필요가 없다. 왜냐하면 우리는 이미 형통의 복을 받았기 때문이다. 상황과 환경이 형통과 멀어보여도 우리는 형통의 복을 받은 주의 제자라는 사실을 절대 잊어서는 안 된다. 그리고 우리의 상황만을 보게 하는 마귀에게 절대 속지 말자.

76 | 요셉을 인도하시는 하나님
(창 40:1~23)

서론

하나님께서는 구원계획을 갖고 그리스도를 이 땅에 보내주시겠다고 약속하셨다. 그 약속을 믿는 사람에게는 구원의 축복을 누리도록 하셨는데 요셉이 그 복을 받았다. 아브라함으로부터 이삭에게로, 이삭은 야곱에게로, 야곱은 요셉에게 이 구원의 비밀을 알려주었고 그 비밀인 그리스도를 믿게 된 것이다.

본문의 말씀을 받으면서 비전을 성취해 나가시는 하나님의 역사를 보아야 한다. 일을 성취하시는 하나님의 역사를 깨달아야 한다.

1. 요셉의 비전은 임마누엘과 세계복음화이다.

(1) 그리스도의 비밀인 제사를 깨달은 요셉

(2) 원죄를 해결하는 방법인 그리스도를 깨달았다.

(3) 하나님께서는 그리스도를 깨달은 요셉을 구원하셨다.

(4) 구원 받은 요셉과 함께 하시는 하나님

(5) 하나님이 함께 하시니 정복하고 다스리는 복을 갖게 된 것이다.

2. 비전대로 인도하시는 하나님

(1) 형들이 절하고 부모님이 절할 정도의 엄청난 비전을 가졌다.

(2) 하나님이 함께 하시면 이것은 당연한 것이다.

(3) 아무도 안 믿었지만 요셉을 절대로 잊지 않았다.

(4) 비전(세계적인 사람)을 성취하기 위하여 인도하시는 하나님을 깨달

아야 한다. 그것을 위해 애굽으로 보내셨다.

(5) 총리가 되려면 경제와 정치를 깨달아야 한다. 그래서 하나님께서는 보디발 집에 복을 주셔서 요셉이 경제를 깨닫게 하셨다.

3. 정치를 깨닫게 하시는 하나님을 보자.

(1) 술 맡은 관원장과 떡 맡은 관원장의 범죄

– 아마도 권력과 이권관계 때문에 정치적으로 밀렸을 것으로 사료 된다.

(2) 이곳은 3절에, 요셉 또한 갇힌 곳임을 알 수 있다.

(3) 관원장들은 요셉의 투옥에 맞추어 이상한 꿈을 꾸게 되었으며 이에 요셉은 꿈을 해몽에 주었고, 정확한 결과가 나타나게 되었다.

(4) 그런데 술맡은 관원장은 요셉을 잊고 말았다.

23절, "술 맡은 관원장이 요셉을 기억하지 못하고 그를 잊었더라."

(5) 왜 그들은 요셉의 투옥과 맞추어 꿈을 꾸게 되었으며 그에 따라 술 맡은 관원장이 살게 되었으며 그럼에도 요셉을 잊은 이유는 무엇인가?

(6) 하나님의 정확하신 인도와 시간표 때문에 그렇다.

결론

술 맡은 관원장은 복직하게 된다. 그리고 요셉은 감옥에서 애굽의 총리가 될 자격을 갖게 되었다. 이제, 하나님의 시간표대로 모든 것이 준비된 것이다. 우리는 눈앞에 보이는 여러 가지 문제들 때문에 하나님의 시간표를 못 볼 때가 많이 있다. 하지만 우리를 끝까지 인도하시는 하나님의 역사하심을 꼭 기억하자.

41장 ~ 50장

강해

77 | 바로의 꿈을 해석하는 요셉
(창 41:1~36)

서론

요셉은 떡 굽는 관원장과 술 맡은 관원장의 꿈을 해석하고, 그 결과를 보았다. 그리고 만 2년 후에 바로의 꿈을 해석하게 되고 총리가 되었다. 이 사건을 단순하게 보면 요셉이 바로 왕의 꿈을 해석해서 총리가 되었다고 볼 수 있지만, 사실은 하나님의 말씀이 성취된 것이다. 본문을 보면서 하나님의 말씀은 절대로 이루어진다는 것을 깨달아야 한다.

1. 하나님의 지혜가 없는 바로의 번뇌

(1) 살찐 일곱 암소를 마르고 보기 흉한 일곱 암소가 잡아 먹은 꿈
(2) 무성하고 충실한 일곱 이삭을 가늘고 마른 일곱 이삭이 삼켜 버린 꿈
(3) 바로는 두 가지의 꿈으로 인해 마음이 번민했다.
(4) 점술가와 현인들을 불러서 꿈을 말했으나 이들이 해석하지 못했다.

2. 미리 대비한 술 맡은 관원장

(1) 술 맡은 관원장의 고백: "왕이여, 제가 죄를 지어 감옥에 있을 때 떡 맡은 관원장과 함께 꿈을 꾸었습니다. 그런데 히브리 종인 청년이 우리와 함께 있다가 우리 둘의 꿈을 해석했습니다. 그리고 그 청년이 해석하는 대로 나는 복직하고 떡 맡은 관원장은 죽었습니다."
(2) 이 말을 들은 바로는 요셉을 불러 꿈을 해석하게 하였다. 드디어 하나님의 시간표가 요셉에게 성취되는 순간이었다.

3. 하나님이 함께 하신 요셉의 꿈 해몽과 대안

(1) 요셉의 고백: "꿈을 해석한 것은 내가 아니라 하나님께서 하신 것입니다. 하나님이 하실 일을 바로에게 보이셨습니다. 칠 년 동안은 풍년이 있을 것이고, 칠년 동안은 흉년이 있을 것이니 명철과 지혜가 있는 사람을 택하여 애굽 땅을 다스리게 하시는 것이 좋을 것입니다. 그리고 감독관을 두어 칠년 동안의 풍년에 20%를 세금으로 받아 각 성읍에 쌓아두고 대비하시면 흉년 때문에 망하지 않을 것입니다."

(2) 하나님의 시간표를 이루실 때, 하나님께서 지혜와 모든 환경을 허락하신다.

(3) 요셉은 하나님의 계획대로 인도받은 것이다.

결론

우리가 생각해보아야 할 것은 '요셉이 대단한가? 아니면 대단한 하나님이 함께 하는 요셉인가?' 이다. 당연히 후자이다. 그렇다면 '대단한 하나님께서 나와 함께 하신다면?'

여러분도 이 시대의 요셉으로 살기를 바란다.

78 | 결론적 신앙의 결과
(창 41:37~57)

서론

요셉의 신앙은 결론적 신앙이다. 상황적 신앙은 삶의 과정 속에서 상황 따라 늘 힘들고 고통스럽게 살아야 한다. 그러나 결론적 신앙은 상황을 바라보지 않고, 결론을 바라보는 것이다. 결과를 아는 신앙이 되어야 기쁨과 행복으로 신앙생활이 될 수 있다.

1. 결론적 신앙인들

⑴ 아브라함의 결론적 신앙 – 절대로 놓치지 않고, 놓칠 수 없는 그리스도와 가나안 땅

⑵ 이삭의 결론적 신앙 – 절대로 잊지 않고, 잊을 수도 없는 그리스도와 가나안 땅

⑶ 야곱의 결론적 신앙 – 절대로 잊어서는 안 될 그리스도와 가나안 땅

⑷ 요셉의 결론적 신앙 – 어떤 상황에서도 놓치지 않는 그리스도와 가나안 땅

⑸ 모세의 결론적 신앙 – 어떤 사건 속에서도 절대 놓치지 않는 약속의 땅

⑹ 바울의 결론적 신앙 – 아무리 힘들어도, 죽을 일이 있어도, 절대 놓치지 않는 세계복음화

2. 결론적 신앙의 요셉

⑴ 언약 속의 비전을 가진 요셉(창 37:5~9)

⑵ 형제들에게 살인적인 가정폭력을 당하는 요셉(창 37:12~24)

(3) 노예로 팔린 요셉(창 38:25~36)

(4) 억울한 감옥 생활을 당한 요셉(창 39:7~23)

(5) 술 맡은 관원장의 배신(창 40:21~23)

* 아무리 괴로운 일이 있어도, 어떤 억울한 일이 있어도, 절대 흔들리지 않은 이유는 결론적 신앙이었다.

3. 결론적 신앙의 결과

(1) 형제가 자신에게 절하고, 부모가 자신에게 절할 정도의 신분을 놓치지 않는 신앙

(2) 하나님의 약속은 반드시 성취된다는 것을 믿은 요셉

(3) 어떤 괴로움과 어떤 고통이 있을지라도 절대적으로 이루어질 하나님의 약속을 믿은 믿음

(4) 결과는 왕보다도 더 큰 실권을 가진 총리이다.

(5) 세계에서 제일 큰 나라에 여호와의 이름을 확실하게 전파했다.

결론

우리가 붙잡아야 할 결론적 신앙은 바로 세계복음화이다. 분명 하나님께서는 우리를 통해 세계복음화를 이루실 것이다. 아무리 힘들고 고통스러워도 절대로 세계복음화를 놓치지 말자.

79 | 말씀을 성취해 나가시는 하나님
(창 42:1~25)

서론

요셉은 하나님의 말씀을 언약으로 잡았다.(창 37:5~11)
"형들이 나에게 절할 정도로 나를 키우실 것이다. 또한 부모가 나에게 절할 정도의 신분으로 하나님께서는 키우실 것이다. 이것을 언약으로 잡고 절대 잊지 않았다."
우리들도 하나님의 말씀을 언약으로 잡아야 하며, 자녀들에게 하나님의 말씀이 언약이 되도록 돕는 부모가 되어야 한다.

1. 하나님의 계획

(1) 야곱(이스라엘)에게 택한 민족이 되게 하실 것을 약속하신 하나님 (창 35:9~14)
(2) 이 민족을 애굽에서 이루기를 원하고 계시는 하나님
(3) 절대 변하지 않는 야곱의 가나안 땅에 대한 언약
(4) 이런 야곱(이스라엘)을 애굽으로 부르기 위하여 준비하신 하나님 (요셉과 흉년)
(5) 야곱이 가나안 땅을 떠나 애굽으로 가도록 먼저 자녀들을 보내게 하시는 하나님

2. 베냐민을 남긴 야곱

(1) 야곱은 베냐민에게 재난이 미칠까 하는 두려움 때문에 보내지 않았다.

(2) 다른 형제들은 애굽으로 보내면서 왜 베냐민만 남겼을까?
(3) 다른 형제들은 재난이 상관 없나?
(4) 그 이유는 간단하다. 요셉만 사랑한 야곱을 생각해보자.
(5) 왜 요셉만 사랑했을까? 어머니 때문이었다. 너무나 사랑한 라헬이 낳은 아들이다.
(6) 사랑하던 요셉이 없어지자 라헬의 소생인 베냐민에게 사랑이 넘어간 것이다.

3. 베냐민까지 애굽으로 오게 하는 요셉

(1) 형들과 만나는 요셉
(2) 그러나 형들은 요셉을 알아보지 못했다.
(3) 형들을 정탐꾼으로 몰아 3일동안 가두게 된다.
(4) 그 사건으로 베냐민을 데려오게 한다.
(5) 이런 일련의 사건들은 모두 하나님의 말씀을 성취하기 위한 사건들이다.

* 하나님의 자녀에게 일어나는 모든 사건은 우연이 아닌 필연이다.

결론

하나님의 자녀에게 오는 어떤 사건과 어떤 일들은 모두 하나님의 말씀이 성취되는 것이다. 따라서 우리는 절대로 걱정, 근심할 필요가 없고, 두려워 할 필요도 없다.

80 | 요셉의 신앙과 민족의 시작
(창 42:26~38)

서론

요셉의 신앙은 단순히 자신만을 위한 신앙이 아니었다. 야곱에게 약속하신 하나님의 민족인 이스라엘이 탄생되는 과정에 쓰임 받는 신앙이었다.

하나님께서는 요셉의 신앙을 야곱에 약속하신 한 국가의 탄생에 쓰임 받게 하셨다. 요셉 자신은 몰랐지만 하나님께서는 그를 사용하신 것이다. 우리도 어떻게 쓰임 받고 있는지 스스로 모르지만 하나님께서는 세계 복음화에 사용하고 계신다는 것을 알아야 한다.

1. 애굽으로 팔린 요셉

(1) 믿음이 좋은 요셉은 자신의 의지와는 상관이 없이 애굽에 노예로 팔려갔다.

(2) 여러 가지의 고난의 과정을 거치면서 이방 나라에서 총리까지 되었다.

- 형들에게 미움을 받음
- 이스마엘의 장사꾼들에게 넘겨짐
- 보디발의 집에 노예로 팔려감
- 억울한 누명을 쓰고, 감옥에 갇힘
- 바로 왕의 신하들에게 배신을 당함
- 바로 왕의 꿈을 해석해 줌

(3) 전 세계의 기근

(4) 형들과의 만남

2. 국가 형성의 문제

(1) 국가를 가나안 땅에 세워야 한다.

(2) 그러나 너무나도 무서운 가나안 땅의 족속들

(3) 국가 형성 이전에 몰살당할 상황(창 34장의 디나의 일)

- 지금은 괜찮지만 점점 세력이 커지면 원주민들에게 엄청난 문제가 되기 때문이다.

(4) 국가가 이루어질 인구가 세워질 때까지 보호가 필요하다.

(5) 애굽을 통하여 보호를 하시려고, 애굽을 사용하시는 하나님

3. 기근을 통한 야곱 가족의 이주

(1) 그냥 애굽으로 오라고 하면 절대 오지 않을 야곱

(2) 하나님의 언약인 가나안 땅을 절대 떠나지 않을 것임

(3) 하나님께서는 그 사실을 미리 아시고, 7년 기근이 있게 하셨다.

(4) 총리가 된 요셉과 형들이 만나게 된다.

결론

하나님의 말씀대로 인도를 받자. 하나님께서는 우리보다 더 깊은 곳으로 우리를 이끄신다. 따라서 신자는 내 생각대로 인도 받으면 실패하게 된다. 요셉의 고통과 괴로움이 하나님의 입장에서 무엇을 의미하는지 묵상해보자!

81 | 절대적 믿음이 필요한 야곱
(창 43:1~15)

서론

야곱은 다시 한 번 괴로운 시간을 맞았다. 그 동안 양식이 있었기에 베냐민에 대한 생각은 하지 않았지만, 이제 양식이 다 떨어져서 베냐민을 데리고 가지 않으면 안 되는 상황이 왔다. 야곱은 베냐민을 절대 보내고 싶지 않았지만 아들들의 권유에 못 이겨 베냐민을 보내고 있다. 야곱은 절대 믿음이 없어 또 걱정하고 괴로움을 맞는다. 만약 그에게 절대적 믿음이 있다면 얼마나 평안하게 보낼 수 있었을까?

1. 상황적 믿음

(1) 야곱에게는 분명히 가나안 땅에 대한 믿음이 있었다.

① 삼촌인 라반의 죽음도 불사하고, 가나안 땅으로 간 야곱

② 형이 죽인다고 400명의 병사를 거느리고 나왔지만 그 죽음도 불사하고 가나안 땅으로 간 야곱

(2) 그는 평생의 삶을 그 누구도 따라잡기 어려운 엄청난 믿음으로 살아왔지만 결국 또 다른 상황에서 굴복하게 된다.

(3) 이런 상황적 믿음은 아무리 신앙생활을 잘하는 것 같이 보여도 문제 속에 빠지게 만든다.

2. 절대적 믿음

(1) 어떤 상황에서도 믿어지는 믿음이다. 사실, 이 믿음은 인간 편에서 시작되지 않는다. 하나님께서 주셔야 하는, 하늘로부터 임하는 믿음

이다.

(2) 모세의 믿음

(3) 다니엘의 믿음

(4) 바울의 믿음

3. 상황적 믿음은 고통스럽다.

(1) 믿음의 사람들에게 질문하면 신앙생활이 힘들다고 한다.

(2) 그 이유가 상황적 믿음이기 때문이다.

(3) 상황적 믿음은 상황에 따라 괴롭고 힘들고 고통스럽고 평안이 없다.

(4) 어쩔 수 없이 끌려가는 것이다.

(5) 결과는 분명히 있는데도 … .

결론

우리는 상황적 믿음이 아닌 절대적 믿음을 가져야 한다. 그렇다면 이런 믿음을 가지려면 어떻게 해야 할까? 먼저 임마누엘의 확신이 있어야 한다. 하나님께서 나와 항상 함께 하고 계시다는 확신이 있어야 한다. 그리고 그 하나님께서 나를 인도하실 것이며, 역사하실 것이라는 확신이 있어야 한다. 상황적 믿음에서 절대적 믿음으로 승리하기를 소원 한다.

82 | 절대적 믿음이 없는 요셉의 형들
(창 43:16~34)

서론

야곱에게만 절대적 믿음이 없는 것이 아니라 요셉의 형들에게도 절대적 믿음이 없었다. 하나님께서 자기 자녀와 함께 하시고 인도하시며 역사하시는 것이 진짜로 믿어진다면 얼마나 평안한 삶을 살 수 있겠는가? 하지만 절대적 믿음이 없는 요셉의 형들은 지금 전전긍긍하고 있다. 혹시 잘못 될까봐, 혹시 죽을까봐 불안해서 죽을 지경이다. 그러나 요셉은 어떠하였는가? 요셉도 죽음의 상황이 얼마나 많았는가? 그럼에도 요셉은 평안해 하였다. 이것이 임마누엘을 누리는 절대적 믿음을 가진 자의 평안이다.

1. 절대적 믿음의 요셉과 상황적 믿음의 형들

(1) 성경은 늘 대비를 해놓았다.

(2) 신앙의 사람과 불신앙의 사람

(3) 믿음의 사람과 불신의 사람

(4) 언약의 사람과 언약을 놓친 사람

(5) 본문에서는 절대적 믿음의 사람인 요셉과 상황적 믿음의 형들을 대비해 놓았다.

2. 우리가 배워야 할 절대적 믿음

(1) 절대적 믿음은 특별한 사람에게만 주어지는 것이 아니다.

(2) 절대적 믿음은 예수님을 영접한 사람은 누구에게나 있는 것이다.

(3) 하나님이 함께 하는 사람은 하나님께서 절대적으로 인도하시고 절대적으로 응답하신다.
(4) 이것이 믿어지면 절대적 믿음이 되는 것이다.
(5) 절대적 믿음의 소유자를 하나님께서는 세계복음화에 사용하신다.

3. 안심하라는 말에도 불안하다.

(1) 요셉의 청지기의 말 – 안심하라 두려워하지 말라 하나님께서 하신 일이다.(23절)
(2) 믿음의 사람인 형들은 구차한 핑계를 대고 있다. 불안하였기 때문이다.
(3) 우리가 이런 상황이라면 어떻게 하겠는가?
(4) 구구절절 핑계를 대겠는가? 아니면 하나님께서 책임져 주실 것을 믿고 평안할 것인가?

결론

우리는 두 가지 신앙을 가지고 있다. 우리에게는 승리할 것이 이미 정해져 있다. 이런 승리에 따라 사는 것이 바로 신자이다. 이것이 결론적 신앙이다. 그리고 우리는 이미 절대적 인도를 받으며, 이 땅을 살고 있는 인생이다. 이것이 절대적 신앙이다.

83 | 언약(이스라엘 공동체)을 이루시는 하나님
(창 44:1~34)

서론

요셉은 형들과 아버지를 모두 애굽으로 오게 하려고 작전을 짠다. 요셉은 아버지가 가나안을 쉽사리 떠나지 않을 것을 이미 알고 있다. 아마도 요셉은 아버지께서 너무나 사랑하는 베냐민을 잡고 있어야 아버지가 오실 것이라고 생각했을 것이다. 그런데 우리는 이러한 사건 마저도 이스라엘 나라를 세우시려는 하나님의 역사 속에서 이루어지는 한 사건 임을 알아야 한다.

1. 언약을 가진 가문

(1) 아브라함

(2) 이삭

(3) 야곱(이스라엘)

2. 하나님의 뜻과 계획

(1) 가나안 땅이 아닌 애굽에서 민족을 이루시기를 바라신 하나님

(2) 한 민족이 되려면 많은 인구가 필요한데 그 인구가 되려면 강한 나라에서 보호해야 하기 때문에

(3) 그런데 절대 가나안을 떠나지 않는 야곱

(4) 그래서 언약을 잡은 요셉을 사용하시는 하나님

3. 요셉의 시험

(1) 요셉의 생각들 : '과연 형들이 나처럼 자신들을 위하여 베냐민을 버리지 않을까?'

(2) 요셉의 시험에 베냐민을 위하여 자신을 희생시키려고 하는 유다

(3) 아버지와 가족을 생각하는 형들을 보게 된 요셉

(4) 형들의 진심을 보게 된 요셉 그리고 시작된 요셉의 계획

결론

이러한 요셉의 계획은 결국 애굽 땅에서 이루어질 이스라엘 민족의 부흥 때문에 생겨난 것이다. 우리는 가나안 땅과 애굽 땅을 잘 이해해야 한다. 분명 가나안 땅에서 민족을 이루고 그리스도가 오신다. 그러나 그 전에 애굽 땅을 사용하신 것이다.

우리들도 하나님의 계획과 뜻을 잘 보아야 한다. 내게 주어진 현재 상황에서 하나님의 계획이 어떤 것인지 알게 되는 여러분이 되기를 간절히 축원한다.

84 | 말씀을 기억하자
(창 45:16~28)

서론

성경은 단순하게 문장 그대로 읽으면 안 된다. 성경의 중심내용 그리고 다른 부분과의 관계를 잘 생각해보며 읽어야 한다. 왜냐하면 말씀을 붙잡은 대로 응답을 받기 때문에, 올바르게 말씀을 아는 것은 매우 중요하다. 말씀은 하나님의 약속과 그 약속을 믿은 사람들이 받은 응답이다. 그러므로 말씀은 항상 짝이 있게 되어 있으며, 하나의 중심 내용과 멀지 않다.

> "너희는 여호와의 책에서 찾아 읽어보라 이것들 가운데서 빠진 것이 하나도 없고 제 짝이 없는 것이 없으리니 이는 여호와의 입이 이를 명령하셨고 그의 영이 이것들을 모으셨음이라."(사 34:16)

1. 이러한 말씀이 아브라함 가문에 전달되었다.

(1) 아브라함에게 약속하신 말씀(창 12:1~3)

(2) 언약을 붙잡은 이삭에게 전달되었다.

– 네 아버지 아브라함에게 맹세한 것을 이루어(창 26:3)

(3) 언약을 붙잡은 야곱에게 전달되었다.(창 27:27~29)

(4) 언약을 붙잡은 요셉에게 전달되었다.(창 36:5~11)

2. 전달된 말씀을 깨달으면 된다.

(1) 창 36:11

"형들은 시기하되 그의 아버지는 그 말을 간직해 두었더라."

(2) 상황적 믿음의 야곱 – 요셉이 함께 있을 때는 기억했는데 자신의 우상인 요셉이 없어지니 말씀을 다 놓치고 슬픔만 남았다.
(3) 아무리 힘들어도 말씀은 절대적으로 이루어진다는 절대적 믿음이 있다면 절대로 슬프지 않았을 것이다.
(4) 우리가 절대 잊어서는 안 되는 것이 말씀이다. 이것이 결론적 신앙이다.
(5) 하나님께서 나에게 약속해주신 말씀이 무엇인가? 이 말씀을 꽉 붙잡자.

3. 바로의 명령

(1) 바로는 요셉의 식구들이 왔다는 소리를 듣고 기뻐했다.
(2) 바로의 말 : "너희 아버지와 가족들을 이끌고 내게로 오라. 내가 좋은 땅을 줄 것이고 나라의 기름진 것을 먹으리라."
(3) 이런 일들을 단순히 보면 바로가 베푼 은혜처럼 보인다.
(4) 그러나 분명한 것은 미리 말씀하신 하나님의 약속이 이루어지는 것이다. 즉 하나님께서 주신 언약이 성취되는 장면이다.

결론

나에게 주어진 사건이나 상황을 어떻게 볼 것인가? 약속대로 응답하신 것으로 볼 것인가? 사람들의 은혜 혹은 우연으로 볼 것인가? 말씀을 붙잡고 승리하는 삶이 되자.

85 | 말씀을 이해해야 신앙생활에 성공할 수 있다 (창 46:1~7)

서론

신자라면 말씀을 절대 이해해야 한다. 말씀을 여러 사람이 보고 사람마다 다른 해석을 내 놓는다면 얼마나 혼란스럽겠는가? 그래서 신학이 필요한 것이다. 바른 신학이란 말씀 중심이고, 그리스도 중심이며, 하나님 중심이다. 그러나 인간중심의 신학도 많다. 세상 중심의 신학도 있다. 우리가 말씀을 이해한다는 것은 하나님 중심 그리고 그리스도 중심으로 말씀을 이해하고 그것이 하나님의 뜻임을 이해하는 것이다.

1. 야곱이 깨달은 말씀과 언약

(1) 야곱은 삼촌의 집에서 목숨을 걸고 가나안 땅으로 향한다.

(2) 야곱은 삼촌이 죽인다고 해도, 형이 죽인다고 해도 고집스럽게 가나안 땅을 향하여 간다.

(3) 왜 그럴까? 바로 언약 때문이다. 하나님의 약속 때문이다. 하나님의 약속을 붙잡은 야곱은 가나안 땅에 대한 신뢰와 믿음이 절대 흔들리지 않았다.

(4) 야곱의 믿음은 대단하다. 비록 순간마다 상황적 믿음으로 혼란스럽고, 힘들고, 어려운 일들도 많았지만 야곱의 가나안 땅에 대한 언약의 믿음은 절대적으로 흔들리지 않았다.

2. 말씀을 주시는 하나님

(1) 야곱을 위하여 미리 요셉을 애굽으로 보내신 하나님

(2) 그가 절대로 가나안 땅을 떠나지 않을 것을 아시는 하나님께서 미리 최고로 사랑하는 아들인 요셉을 먼저 보내셨다.

(3) 희생제사를 드리고 난 그 날 밤에 이상 중에 말씀하셨다. "애굽으로 내려가라 거기서 큰 민족을 이룰 것이다. 너를 반드시 인도하여 다시 가나안으로 오게 할 것이다."

3. 말씀을 이해하고 순종하는 야곱

(1) 왜? 왜? 왜? 왜? 왜를 100만 번 외쳐야 하는 상황이 아닌가?

(2) 이럴바에야 내가 차라리 목숨을 걸고 가나안으로 오지 말 것을 … .

(3) 왜, 나를 그렇게 고통스럽게 하시면서 가나안 땅을 떠나지 말라고 하셨을까? 라는 질문이 야곱에게 있을 수 있다.

(4) 그러나 야곱은 하나님의 말씀을 이해했다.

(5) 그리고 순종했다. 그 순종으로 이스라엘이라는 나라를 세우게 되었다.

결론

성경을 조금 안다고 고집 피우면 안 된다. 성경을 읽을 때, 말씀의 의도와 말씀의 초점을 이해해야 한다. 그리고 그 말씀을 통해 나의 삶을 조명할 수 있어야 한다. 무조건 믿는 것이 아닌 하나님의 말씀을 잘 이해하는 성도가 되자.

86 | 말씀을 성취시킬 70명
(창 46:8~34)

서론

하나님의 말씀은 절대로 성취된다. 그것을 믿는 것을 절대적 믿음이라고 하고, 이런 믿음을 가지고 신앙생활하는 것을 결론적 신앙이라고 한다. 결론적 신앙이 되지 않으면 흔들리게 되어 있다.

요셉이 절대로 흔들리지 않았던 이유가 바로 결론적 신앙을 소유하였기 때문이다. "너의 가족을 통하여 세계를 구원할 그리스도가 태어날 것이다."라는 하나님의 말씀은 절대로 없어지지 않고, 절대적으로 성취되는 것을 알았기 때문에 그는 노예가 되도, 감옥에 가도 상관이 없었다.

1. 야곱이 받은 말씀

⑴ 창 34:1~4을 읽어보자.

⑵ 애굽으로 내려가기를 두려워하지 말라.

⑶ 내가 애굽에서 너로 말미암아 큰 민족을 이루게 할 것이다.

⑷ 너와 함께 애굽으로 내려가겠다.

⑸ 반드시 너를 인도하여 다시 올라올 것이다.

– 하나님께서는 구원 받은 사람이 누릴 처음 인간의 복을 확인시켜 주셨다. '함께 하시겠다. 너와 같이 동행할 것이다. 반드시 너를 인도하겠다.'

2. 야곱은 절대로 이루어질 말씀을 붙잡았다.

(1) 말씀을 완전히 이해하고, 말씀을 붙잡으니, 어디를 가도 상관이 없었다.

(2) 전에는 "절대 가나안 땅을 떠나지 말라."라는 한 가지만 꽉 붙잡았다.

(3) 그러나 그를 통하여 민족을 이룰 것이고, 그 민족을 이루기 위하여 애굽으로 가야 한다는 말씀도 붙잡은 것이다.

(4) 우리는 무엇을 붙잡아야 하는가?

(5) 전에는 우리들도 야곱처럼 나의 직장, 나의 지역, 내가 기도하던 것들을 꽉 잡았는데 이제는 성취할 말씀을 붙잡아야 하는 것이다.

3. 70 명이 애굽으로 입국하다.

(1) 한 민족의 시작은 단 70 명이었다.

(2) 우리의 계산으로는 불가능하지만 하나님께서는 70 명을 통하여 큰 민족을 이루시겠다고 약속하셨다.

(3) 우리의 상식으로는 절대 불가능하다. 그러나 하나님은 하신다.

(4) 내 계산과 내 상식과 내 능력을 붙잡으면 절대적으로 실패할 수밖에 없다.

(5) 그러나 하나님의 약속의 말씀을 붙잡으면 분명히 성취된다.

결론

내가 신자라 할지라도, 내 상황과 어려운 환경이 나의 신앙을 흔든다면 무슨 의미가 있겠는가?

여러분은 무엇으로 시작할 것인가? 말씀인가? 세상적인 힘인가?

87 | 생업까지 책임지시는 하나님
(창 47:1~12)

서론

야곱의 70 명의 식구들은 드디어 애굽에 왔다. 야곱의 식구들에게는 당연한 고민이 있었을 것이다.

'어떻게 살아야 하나? 생업이 없는데 … .'

'어떻게 하나? 아는 사람도 한 사람도 없는데 … .'

'어디에서 살지? 우리 땅도 없는데 … .'

이런 걱정이 우리 인간들의 걱정이다. 그러나 하나님께서는 미리 모든 것을 준비하시고, 부르시고, 명령하시고, 가게 하신다. 이것을 우리는 깨달아야 한다. 사람을 기대지 말고 약속 따라 예비하신 하나님을 기대면 된다.

1. 바로에게 보고하는 요셉

(1) 요셉은 다섯 명의 형들을 데리고 가서 바로 왕에게 보고 한다.

(2) "우리 식구들과 모든 가축들이 가나안 땅에서 왔습니다."

2. 바로의 질문 – 너희 생업이 무엇인가?

(1) 왜 질문을 했는가? 하나님께서는 생업까지도 책임지시려고 바로를 사용하시려고 하시기 때문이다.

(2) 형들의 대답과 요청

– "저희들은 목자입니다. 가나안에는 기근이 심해 양떼를 칠 수가

없습니다. 그래서 이곳에 왔으니 여기에서 살게 해 주세요."

(3) 바로의 대답

- "요셉아 네 아버지와 네 형들이 네게 왔으니 애굽 땅 중에 좋은 고센 땅에 거주하게 하고 내 가축을 관리하게 하라."

(4) 하나님께서는 모든 것을 준비하시고 고센 땅으로 인도하셨다. 비록 바로라고 할지라도 언약의 자녀를 위해 사용하시는 것을 볼 수 있다.

(5) 우리는 이것을 믿어야 한다. 하나님께서는 우리를 미리 준비하시고 부르시고 인도하시는 것이다. 그런데 왜 걱정하는지? 그래서 말씀을 믿는 믿음이 필요하다. 이 믿음을 위하여 예배하고, 말씀을 읽는 것이다. 오늘부터라도 하나님께서 미리 준비하신 것을 누리고 살자.

3. 야곱의 축복

(1) 야곱은 바로에게 축복한다.

(2) 이런 일이 상식적으로 가능한가? 지금 바로의 도움을 받고 있는데.

(3) 이것이 믿음이다. 우리는 대통령을 만나도 축복할 수 있어야 한다.

(4) 그런데 나를 조금 도와준 사람을 보면 축복을 하기보다는 굽실 된다.

(5) 나를 구원하신 하나님께 대한 믿음을 갖자. 내가 축복자임을 아는 절대적 믿음을 갖자.

결론

나는 누구인가? 나는 하나님의 자녀이다. 그리고 나의 아버지는 나의 생업까지 책임지시는 하나님이시다. 하나님의 자녀로 자긍심을 가지며 살자.

88 | 문제를 활용하여 복으로 바꾸는 요셉
(창 47:13~26)

서론

요셉은 완전한 복을 누렸다. 이것을 본문을 통하여 보여주고 있다. 말도 되지 않는 축복을 요셉은 누렸다. 요셉은 전 세계의 문제인 기근을 잘 활용했다. 우리는 고통이 오면 괴로워하고, 죽을 지경이라고 난리가 난다. 그러나 그런 문제들은 완전한 복을 받을 기회이다. 하나님의 능력을 믿자. 우리도 이런 복을 누리자.

1. 모든 돈이 요셉 앞으로

(1) 국가적인 곡식 장사를 하는 요셉

(2) 전 세계가 기근 때문에 먹을 것이 없어 많은 돈으로 곡식을 사게 되어 모든 돈이 요셉에게 오게 되었다.

2. 모든 가축들이 요셉 앞으로

(1) 모든 돈이 다 떨어지니 가축을 곡식 대금으로 지불했다.

(2) 일 년치의 양식을 팔아 모든 나라의 가축들이 다 요셉 앞으로 오게 되었다.

3. 모든 땅이 요셉 앞으로

(1) 사람들은 일 년치 양식이 다 떨어지자 몸과 토지만 남았다.

(2) 그들은토지와 함께 바로의 종이 되겠다고 한다.

(3) 이 일로 인하여 애굽의 모든 토지가 바로의 것이 된다.

(4) 그리고 결국에는 1인 통치시대가 열렸다.

(5) 그 모든 권한이 요셉에게로 오게 되었다. 이것이 진짜 축복이다.

4. 계속되는 복을 누리는 요셉

(1) 모든 것을 바로에게 바치는 요셉

– 요셉은 자신의 주인(보디발, 바로 왕)이 누구인지 정확히 알았다.
(내 것과 네 것을 잘 구분해야 한다.)

– 이것이 그리스도인이 가져야 할 겸손이다. 하나님과 인간 모두를 생각한 것이다.

(2) 애굽의 토지법을 세운 요셉

① 토지를 사고, 그 토지를 세를 주었다.

② 소출의 20%를 토지세로 내게 했다.

③ 소출의 80%는 농사지은 사람들의 몫이 되었다.

(3) 기근 때문에 매년 가만히 앉아서 두 나라의 20%를 벌어들였다.

결론

이 시대의 요셉이 바로 여러분이다. 여러분이 하나님의 자녀로 지혜를 구할 때, 요셉처럼 모든 문제를 활용하여 하나님의 복으로 바꾸는 신분이다. 그러므로 우리는 문제 앞에서 절대 흔들리지 말고, 하나님의 능력을 활용하자.

89 | 복을 받을 수밖에 없는 야곱의 비결
(창 47:27~31)

서론

하나님께 복을 받는 방법은 단 한가지이다. 그리스도를 주인으로 모시는 것이다. 구약의 믿음의 선진들은 그리스도 중심으로 살았다. 복은 하나님께서 주신 것이다. 그 복은 하나님과 복을 받을 관계가 형성될 때, 받을 수 있고 그 관계형성은 그리스도를 통하여 가능하다.

1. 야곱이 받은 언약

(1) 가문이 간직한 언약

(2) 아브라함이 이삭에게, 이삭이 야곱에게 물려준 언약

(3) '네 가문을 통하여' 그리스도가 오실 것이다.

(4) 가나안 땅에서 탄생하실 것이니 절대 가나안 땅을 떠나지 말라.

(5) 아브라함의 가문과 가나안 땅을 통하여 그리스도가 오실 것이기 때문에 가나안 땅만 떠나지 않으면 하나님으로부터 필요한 모든 복을 받는 것이다.

2. 야곱은 절대로 잊지 못하는 언약을 가졌다.

(1) 가나안 땅을 절대로 잊지 않았다.

(2) 자신이 죽음의 위기일 때도 잊지 않았다.

(3) 자신이 죽으면 시체라도 가나안 땅에 묻어달라고 한다.

(4) 이것이 언약적 신앙이요, 결론적 신앙이요, 절대적 신앙이다.

(5) 우리가 복을 받지 못하는 이유는 절대적 신앙이 없다는 것이다.

(6) 절대적 믿음을 가지고 우리들도 야곱 같은 복을 누리자.

3. 이 시대의 본이 되는 신앙인으로 부르심을 받음

(1) 야곱은 족장시대의 본이 되는 신앙인이다.

(2) 모세는 출애굽시대의 본이 되는 신앙인이다.

(3) 다윗은 왕정시대의 본이 되는 신앙인이다.

(4) 다니엘은 포로시대의 본이 되는 신앙인이다.

(5) 우리 성도들은 이 시대의 본이 되는 신앙인으로 부르심을 받았다.

(6) 야곱처럼 어떤 상황과 문제 앞에서도 흔들리지 않는 절대적 신앙으로 승리하자.

결론

우리는 하나님께 복을 받을 자녀로 인정받고 복을 받을 상속자로 부르심을 받았다. 그 이유는 그리스도이신 예수를 주인으로 모셨기 때문이다. 그러나 마귀는 이것을 놓치게 하려고 수단과 방법을 가리지 않는다. 마귀에게 속지 않으려면 야곱 같이 절대적이고 결론적인 믿음이 있어야 한다. 야곱은 그가 가진 절대적 신앙으로 승리했듯이 이 시대의 언약의 자녀인 여러분들은 절대적 신앙을 가지고 이 시대에 복을 받고, 승리하자.

90 | 내 것과 네 것
(창 48:1~7)

서론

성경을 보면서 하나님의 뜻을 모르면 오해할 수밖에 없다. 하나님께서는 전 세계를 구원하시고자 하는 큰 뜻 안에서 개인들의 뜻을 이루어 나가고 계신다. 그러므로 개인들은 하나님의 큰 뜻을 먼저 이해하고, 그 뜻에 내가 어떻게 쓰임 받아야 하는가를 깨달아야 한다. 그래야 성공할 수 있다. 정말 하나님께서 섭리하시는 것이 맞는다면, 정말 하나님의 주권을 믿는다면, 하나님의 뜻에 쓰임 받는 것이 성공이다.

1. 야곱과 요셉의 만남

(1) 몸에 병이 든 야곱

(2) 그 말을 듣고 야곱을 찾아간 요셉

(3) 야곱의 고백

① 가나안의 루스에서 받은 언약

② 너로 생육하고 번성하게 하여 네게서 많은 백성이 나게 할 것이다.

③ 이 땅을 네 후손에게 주어 영원한 소유가 되게 할 것이다.

(4) 그리스도가 태어날 땅을 절대적으로 야곱의 자손에게 주어 그리스도가 태어날 복의 땅을 만들겠다는 하나님의 약속이다.

2. 내 것

(1) 에브라임과 므낫세를 야곱의 아들로 삼을 것을 말했다.

(2) 이들은 야곱의 아들로서 인정을 받고, 한 지파로 인정받게 된다.

(3) 손자이지만 아들처럼 인정받게 된다.

(4) 요셉은 비록 그리스도의 계보가 되지는 못했지만 그의 자녀들이 12 지파의 일원이 되었다.

(5) 12지파는 단순한 것이 아니라 그리스도가 오실 땅을 소유하고 누리고 만대에 전달하는 중요한 직책이 된 것이다.

3. 네 것

(1) 에브라임과 므낫세보다 나중에 태어난 자들은 요셉의 아들이 되었다.

(2) 이들의 모든 유산은 형들의 이름으로 함께 받게 되는 것이다.

(3) 야곱은 자신이 하나님으로부터 받은 언약을 아들들에게 나누어 축복하고, 요셉의 두 아들을 자신의 아들로 인정을 하고, 그리스도가 오실 이스라엘의 지파로 인정했다.

결론

야곱은 마지막까지 하나님의 일인 그리스도가 오실 것에 대하여 자신의 인생을 걸었다. 자신의 뜻보다는 죽기 직전까지 오직 하나님의 뜻이 이루어지는 삶을 살았다.

우리는 어떻게 살아야 하는가? 나를 통하여 하나님의 뜻이 이루어지는 삶이 되기를 바란다.

91 | 르우벤, 시므온, 레위 삼형제의 미래
(창 49:1~7)

서론

야곱은 그동안 자식들의 행동과 모든 것들을 파악하고, 거기에 따른 복과 화를 말하고 있다. 본문을 통하여 나의 인생을 돌아보고 미래의 나를 돌아보면서 우리의 인생을 바꾸실 그리스도께 자신의 인생을 맡기는 축복이 있기를 바란다.

1. 축복하고 싶은 야곱

(1) 야곱은 하나님의 복을 분명히 깨달았다.
(2) "함께"와 "형통"의 복을 정확히 알고 있었다.
(3) 그리고 그 복을 누리는 방법은 가나안 땅에서 오실 그리스도인 것도 정확히 깨달았다.
(4) 자기의 자식들이 이 복을 받고, 누리기를 얼마나 바랐을까?

2. 복을 받지 못한 세 아들

(1) 르우벤
① 장점 – 장남으로서 아버지의 능력이 되고 아버지의 기력(힘과 권세라는 뜻이지만 여기에서는 생식의 뜻이며, 대를 잇는다는 것을 말한다)이 되었다. 또한 위풍이 월등하고 권능이 탁월했다.
② 단점 – 물의 끓음 같다.(욕정을 참지 못하여 아버지의 첩인 빌하와 간통했다.(창 35:22)
③ 결과 – 탁월하지 못한 결과를 갖게 되었다.

(2) 시므온과 레위

① 폭력의 칼(폭력적 무기)을 소지하고 엄청난 살인을 저질렀다.

② 이들의 결과 – 둘의 야합으로 악을 도모한 대가로 흩어짐과 분리의 저주를 받게 된다.

③ 인구조사 때 시므온 지파는 12 지파 중 가장 적은 수인 22,200명이었다. 그리고 유다지파에 흡수되게 된다.

④ 레위지파는 나중에 제사장 지파로 역할을 하게 된다. 아마 성경에는 나와 있지 않지만 철저한 회개가 있었을 것이고, 그 때문에 제사장의 위치에 있었을 것이다.(이것이 복음이다.)

3. 나는 어떠한가?

(1) 르우벤처럼 하나님의 축복을 받았지만 혹은 육신적으로는 여러모로 괜찮지만 참을성이 없어서 저주를 받고 있지는 않은가?

(2) 시므온은 좋은 무기를 가지고 화를 참지 못해 엄청난 살인을 저질렀다. 그 결과로 흩어짐, 분리의 저주를 받는다. 나는 시므온과 같은 장점이 있지만 오히려 잘못 사용하여 죄를 짓고 있지 않은가?

(3) 만약 그렇다면 레위지파처럼 저주를 받았지만, 회복하는 복음의 축복을 누리자.

결론

이스라엘 민족은 성경을 갖고 있으면서도 예수님을 그리스도로 믿지 못하고 있다. 우리도 복음 안에 있으면서 복을 받지 못한다면 얼마나 억울한 일인가? 그리스도를 붙잡고 회복하자. 하나님은 언제나 회복 되기를 원하신다.

92 | 유다의 미래
(창 49:8~12)

서론

전장에서는 르우벤, 시므온, 레위에 대하여 배웠다. 축복하고 싶은 야곱의 복을 받지 못한 세 형제 이야기를 들었다. 하나님께서는 복을 주시고 싶어 하신다.

그러나 받지 못하게 되는 이유들은 우리 때문이라는 것을 우리는 잘 알아야 한다. 이번 장은 유다의 복에 대한 내용이다.

1. 형제의 찬송을 받을 유다

(1) 유다는 찬양이라는 뜻을 갖고 있다.

(2) 유다는 형제들이 요셉을 죽이려 할 때, 차라리 팔자고 제안한 사람이다.(창 37:26)

(3) 총리가 된 요셉 앞에서도 형제들을 변호했다.(44:16~34)

(4) 찬양은 하나님께서 받으시는 것인데 인간인 유다가 받을 것이라고 했다. 이것은 유다보다는 유다의 계보인 그리스도가 탄생되어 찬양 받을 것을 말하고 있는 것이다.

(5) 원수의 목을 잡는다는 것은 승리를 상징한다.

(6) 형제들이 절할 것이라고 했다.

– 유다의 자손들이 왕권을 가졌다. 그리고 그리스도가 탄생된 것이다.

2. 사자 같은 복을 받은 유다

(1) 유다는 예수님의 계보이다.

(2) 사자 같은 복을 받았다.

- 감히 누가 사자를 건드릴 수 있겠는가?

(3) 예수 그리스도의 계보는 이런 복을 받는 것이다. 구약의 그리스도 계보인 유다의 복을 신약의 그리스도 계보인 우리가 받는다.

(4) 요일 5:18, "하나님께로부터 난 자는 다 범죄하지 아니하는 줄을 우리가 아노라 하나님께로부터 나신 자가 그를 지키시매 악한 자가 그를 만지지도 못하느니라." 이 말씀을 기억하자.

(5) 어느 누구도 절대로 건드리지도 못한 복이다. 그런데 왜 겁을 내고 있는가? 말씀을 믿기를 바란다.

3. 규가 떠나지 않는 유다

(1) 규(홀)라는 것은 영어로 scepter, 히브리어는 쉐베트인데 지팡이라는 뜻이다.

- 당시에, 제국에서는 왕권을 상징하는 것이며, 통치권을 행사할 자(메시야)라는 뜻이다.

(2) 규가 떠나지 않는다는 것은 왕권이 떠나지 않는다는 것이다. 왕중의 왕인 메시야(그리스도)의 절대적 계보인 것을 말하고 있다.

(3) 이런 복을 예수의 계보인 유다가 받았다. 이 시대의 예수의 계보인 우리도 이와 같은 복을 받은 것이다.

(4) 벧전 2:9,

> "그러나 너희는 택하신 족속이요 왕 같은 제사장들이요 거룩한 나라요 그의 소유가 된 백성이니 이는 너희를 어두운 데서 불러내어 그의 기이한 빛에 들어가게 하신 이의 아름다운 덕을 선포하게 하려 하심이라."

(5) '실로가 오시기까지'

- 그리스도가 오시기까지 왕권이 떠나지 않는다는 말이다. 이 복이

절대적으로 성취되었다.

(6) 그리스도가 오실 때까지 이 언약을 붙잡은 사람은 그리스도 때문에 평화롭고, 풍성한 축복을 누릴 것이다.

결론

유다의 복은 엄청나다. 모든 후손들이 이 복을 다 받아 누리게 된다. 그러나 이 복을 받지 못하는 후손들이 있었다. 가장 큰 이유는 우상 때문이다.

우리는 이러한 실수를 범하지 않는지 늘 생각해야 한다. 우리도 이 시대의 유다의 복을 받았다. 그러나 우상 때문에 누리지 못한다면 얼마나 억울한가? 오늘, 당장 우상을 철저히 부셔버리자.

93 | 형제의 미래
(창 49:13~21)

서론

하나님의 말씀은 하나님의 사람들을 통하여 영영히 선다.(사 40:8) 하나님의 말씀을 들었으면 운명으로 받아드리지 말고 회개할 것은 회개하고, 고칠 것은 고쳐 나가, 하나님께 쓰임 받는 제자로 성장하면 될 것이다.

1. 나머지 자녀들에 대한 예언

(1) 스불론 – 해변에 거주할 것이다. 시돈까지 경계가 될 것이다. 시돈은 두로와 베이루트 중간에 위치한 항구 도시이다.

(2) 잇사갈 – 튼튼하고 힘이 센 민족이지만 우직하고 단순하여 다른 면에서는 두각을 나타내지 못하고 지배 받는 계층이 되어 힘든 노동 일과 농사일에 전념하게 될 것을 말하고 있다.

(3) 단 – 서자이지만 적자들과 동등함을 나타내는데, 후에 삼손이라는 사사를 탄생하게 된다. 성경의 예언과 같이 블레셋을 격퇴시켰다.

(4) 갓 – 갓 지파는 요단강 동편에 거주했는데 지리적으로 암몬, 모압, 아람 등과 늘 전쟁을 자주 했다. 갓 지파는 실제로 군사적 용맹성으로 유명했다.

(5) 아셀 – 그의 후손들은 무역을 통하여 자국의 왕뿐만 아니라 다른 나라의 왕에게 진상을 올릴 정도의 맛있는 음식을 만들 수 있는 양식을 공급한 적도 있다.(왕상 5:11)

(6) 납달리 – 이들은 영토를 확장하였고, 또한 가나안의 왕인 야빈이

침략했을 때도 납달리 지파가 격퇴하였다.(삿 4장)

2. 이들이 받은 복은 단순한 복이 아니다. 이스라엘이라는 국가를 형성하는데 꼭 필요한 요소들이다.

(1) 창 12:1~3의 언약

(2) 창 35:10~15의 언약

(3) 언약대로 국가 형성에 필요한 각 지파의 능력을 말하였다.

(4) 가정이 언약을 잊지 않는다면 각 가정의 식구마다 꼭 필요한 복을 주실 것이다.

3. 땅 끝까지 증인이 되어야 할 참된 제자

(1) 우리에게 능력이 있어 부르심을 받은 것이 아니다.

(2) 능력의 하나님께서 함께 하심을 믿기 때문에 부르심을 받았다.

(3) 우리는 잘 났기 때문에 부르심을 받은 것이 아니다. 하나님의 능력을 믿기 때문에 부르심을 받은 것이다.

(4) 우리의 실력으로 구원 받은 것이 아니다. 오직 예수 그리스도의 은혜로 구원 받은 것이다.

(5) 사람의 능력이 아닌 하나님의 능력을 믿는 사람이 되자.

결론

말씀은 절대 땅에 떨어지지 않는다. 그리고 우리를 통하여 성취한다. 하나님은 우리를 이 시대에 꼭 필요한 제자로 부르셨다. 그리고 말씀은 분명히 성취되게 되어 있다. 우리를 통해서 말씀은 그대로 성취되게 되어 있다. 말씀을 꽉 붙잡고 언약대로 복을 누리는 제자들이 되자.

94 | 요셉의 축복
(창 49:22~26)

서론

야곱은 요셉에게 형제 중 최고로 축복한다. 그 복을 받은 이유는 앞에서 많이 언급하였다. 요셉은 복음을 정확히 이해했고, 그리스도를 절대 놓치지 않았으며, 어디를 가든지 임마누엘의 복을 누렸다. 따라서 요셉에게 따라오는 형통의 복을 일생을 통해 누린 사람이다. 이제, 야곱은 요셉의 미래에 대해 축복하는데 그 내용은 다음과 같다.

1. 임마누엘의 복

(1) 나무 곁에 샘물이 있다면 그 나무는 평생 싱싱할 것이다.

(2) 나무와 물을 뗄 수 없는 관계이다. 물을 먹고 사는 나무의 곁에 샘이라면 그 나무에게는 다른 것이 필요가 없다.

(3) 얼마나 잘 자랐으면 경계까지 넘었겠는가? 요셉의 인생에 하나님이 함께 하셔서 샘 곁의 나무처럼 번성할 것이며, 경계를 넘는 것 같이 다른 나라까지 영향을 줄 것이라는 것이다.

(4) 지금도 이런 복을 우리에게 주신다.(마 28:16~20, 막 16: 15~20, 행 1:8)

(5) 임마누엘의 복의 결과는 세계복음화이다. 한국의 경계를 뛰어넘자.

2. 승리의 복

(1) 활 쏘는 자가 학대하고 적개심을 가지고 활(현대의 총)을 쏘았지만 소용이 없다.

(2) 요셉의 팔은 상대보다 더 세다. 그 이유는 하나님의 손의 힘을 입었기 때문이다.

(3) 당연히 승리할 수밖에 없다.

(4) 복음전도자는 항상 사탄과 그 하수인들에게 적개심을 갖고 당할 수밖에 없다. 그러나 우리는 결국 승리하게 되어 있다. 이것이 요셉의 복이요, 전도자인 우리들의 복이다.

3. 하나님으로부터 오는 능력의 복

(1) 전능자가 주시는 복

(2) 도움의 복

(3) 하늘의 복, 깊은 샘의 복, 젖먹이는 복, 태의 복

(4) 영적인 복, 땅의 복, 경제의 복, 자녀의 복을 누리게 되어 있다.

(5) 내 선조의 복보다 큰 복을 누리게 될 것이다.

결론

형제들이 갖지 못한 복음을 요셉은 가졌다. 그는 자신이 가진 한 가지 복음으로 인해 엄청난 복을 누리게 되었다.

이 시대의 요셉인 우리가 가진 복음을 절대 놓치지 말자. 한국을 뛰어넘어 세계복음화의 축복을 생각하며 복을 받자. 이것이 요셉이 받은 축복이다.

95 | 마므레 앞 막벨라 밭을 기억하자
(창 49:27~33)

서론

사람은 하나님께서 창조하실 때, 기억력을 주셨다. 따라서 어떤 기억을 하느냐에 따라 그 사람의 인생이 달라진다. 어떤 사람은 도둑질을 기억한다. 어떤 사람은 공부하는 것을 기억한다. 어떤 사람은 나쁜 짓을 기억한다. 어떤 사람은 착한 일을 기억한다. 그 기억에 따라서 사람이 달라진다. 그렇다면 우리 하나님의 자녀들은 무엇을 기억해야 하는가?

1. 아브라함이 처음 제단을 쌓은 곳을 기억하는가?

(1) 자신에게 나타나신 곳에서 제단을 쌓았다.(창 12:6~7)
(2) 창 12:1~3의 언약을 가지고 제단을 쌓은 곳이다.
(3) 애굽에서 다시 돌아와 제단을 쌓은 곳에서 여호와의 이름을 불렀다.(창 13:1~4)
(4) 롯과 헤어진 후에, 모든 축복을 받은 후에 제단을 쌓은 곳이다.(창 13:14~18)
(5) 마므레 상수리 나무들이 있는 곳에서 천사를 만나 아들을 약속받았다.(창 18:1~15)
(6) 아브라함이 마므레 앞 막벨라 밭을 샀다.(창 23:1~20)

2. 아브라함이 받은 씨와 땅의 언약

(1) 창 12:1~3
(2) 창 13:14~18

(3) 창 15:18~21

(4) 창 17:7

3. 이 비밀을 야곱이 깨달은 것이다.

(1) 야곱은 자신이 깨달은 언약을 그가 죽을 때까지 절대로 잊지 않았다.(창 49 : 29~32)

(2) 족장시대에 잊지 말아야 할 언약은 가나안 땅과 메시야였다.

(3) 우리에게도 죽을 때까지 절대로 잊지 말아야 할 언약이 무엇인가?

– 그리스도의 재림과 세계복음화이다.

(4) 왜 살아야 하는가? 왜 먹어야 하는가? 왜 결혼해야 하는가? 왜 공부해야 하는가?

(5) 그 이유는 하나님이 우리를 창조하신 이유, 즉 그리스도를 통한 임마누엘과 권능을 가지고 세계를 복음화하는 것이다.

결론

이유 있는 삶을 살자.

이유 있는 가치관을 갖자.

이유 있는 인생이 되자.

96 | 언약을 가진 요셉의 장례식
(창 50:1~14)

서론

드디어 야곱이 하나님의 곁으로 갔다. 야곱의 유언을 따라 요셉은 아버지의 소원대로 가나안땅으로 가서 마므레 앞 막벨라 밭 굴에 장사하였다. 절대로 잊지 않았던 가나안 땅을 요셉도 잊지 않았다. 이것이 후대 사역이다. 아브라함은 이삭에게, 이삭은 야곱에게, 야곱은 요셉에게 이 귀한 언약을 잘 전달했다.

1. 40일 동안의 향 처리

(1) 40일 동안 향 처리를 했다.

(2) 그 이유는? 가나안 땅까지 가야 하는 동안에 시체가 부패하지 않도록 준비한 것이다.

(3) 얼마나 정확히 언약인 가나안 땅을 알았으면 그리고 그 중요성을 알았으면 40일 동안이나 시체처리 작업을 했겠는가?

(4) 이때는 미이라를 만드는 기술이 있었다. 그 기술을 사용하였다.

(5) 가나안을 떠나면 안 되는 절대적 사명이 요셉에게 전달되었다.

(6) 우리도 자녀들에게 그리스도의 복음이 전달되기를 바라는가?

2. 바로에게 요청

(1) '아버지의 소원대로 가나안 땅에서 장사하게 허락해 주세요.'

(2) 이것이 요셉의 맞춤식 요청이다. "복음이 어떻고, 언약이 어떻고 하지 않고, 아버지의 소원입니다."라고 말하며 바로를 이해시켰다.

(3) 불신자들이나 믿음이 적은 이들에게 우리는 어떻게 해야 하나?
(4) 전도자는 지혜롭게 일해야 한다. 이것이 전도자가 깨달아야 할 대목이다.

3. 가나안 땅에 입성하다.

(1) 몇 사람만 가도 되는데 왜, 모든 민족을 다 데리고 갔을까?
(2) 요셉은 이번 기회에 모든 백성들에게 언약을 알게 하고 싶었기 때문이다. 요셉은 가나안 땅으로 간 민족들에게 무슨 말을 했을까?
(3) 이 사건으로 나중에 모세가 민족을 이끌고 가나안 땅에 갈 수 있는 기초가 된 것이다.
(4) 에브론에게 돈을 주고 산 막벨라 밭에 있는 굴에 장사하였다.
(5) 복음 때문에 공짜로 준다는 것도 마다하고, 돈을 주고 산 아브라함의 비밀을 깨닫자.
(6) 가나안보다 훨씬 살기 좋은 고센 땅과 살기 힘든 가나안 땅을 요셉이 얼마나 잘 설명했을까? 훨씬 보기 좋은 세상의 것과 보기 나쁜 교회 중 우리는 어떻게 자녀들에게 설명해야 할까?

결론

우리에게 정말 중요한 것은 눈앞에 보이는 이익이 아닌 언약의 땅인 가나안 땅이다. 여러분은 가나안 땅을 이해했는가? 우리들에게 주어진 가나안 땅은 교회이다. 교회를 볼 때, 나의 이익이 아닌 하나님의 언약이 이루어지는 곳임을 알고 교회를 섬기자.

97 | 언약을 가진 요셉과 언약 없는 형들의 마음 (창 50:15~21)

서론

야곱이 죽고 나서 형들의 고민은 너무나 컸다. 하나님에게 맡기면 될텐데 인본주의가 발동하기 시작한다. 그러나 요셉은 형들의 고민과 상관없이 형들을 후대한다.

1. 언약 없는 형들의 고민

(1) 아버지 야곱이 죽자 고민되기 시작한다.

(2) 형들의 기본적 생각은 이러했다.

"아버지가 살아계셨기 때문에 요셉이 보복을 못했을 것이다. 그러나 아버지가 죽었으니 혹시 요셉이 보복을 하면 어떻게 하지?"

(3) 형들은 오지도 않는 문제 앞에서 미리 고민하였다.

(4) 그래서 요셉에게 말을 전달한다.

(5) 아버지의 핑계를 대면서, '전에 아버지가 다 용서하라고 하셨잖아요? 그러니 우리를 용서해 주세요.'

(6) 그리고는 형들이 직접 요셉에게 "우리는 당신의 종입니다."라고 고백한다.

2. 언약의 소유자 요셉의 마음

(1) 요셉의 말을 보라. "두려워하지 마세요. 내가 하나님을 대신합니까? 형들은 나를 해하려 했으나 하나님은 그것을 선으로 바꾸셔서 많은 백성을 살리려고 하셨습니다."

(2) 요셉의 말 속에는 여러 가지 깨달을 것이 있다.

(3) 그리스도가 오셔야 할 민족을 살리는 방법이 바로 자신을 팔아서 총리로 만든 것이고, 이 사건으로 민족이 살게 된 것을 감사하고 있다.

(4) 우리에게 닥친 사건이나 문제가 무엇을 의미하는지 여러분은 깨닫기를 바란다.

3. 언약의 요셉이 승리한 비결

(1) 자신에게 주어진 언약을 끝까지 붙잡았다.

(2) 그리고 하나님이 자신과 함께 하심을 늘 누렸다.

(3) 이러한 모습 즉, 임마누엘을 누리는 요셉을 보고 바로 왕과 보디발이 하나님의 존재를 깨닫게 된다. 이것이 참된 전도이다.

결론

우리도 요셉과 같은 신앙을 가져야 할 것이다. 진정한 언약과 언약을 누리는 예배와 기도 그리고 그 기쁨을 남에게 전달할 수 있는 참된 전도를 할 때, 요셉의 축복을 누릴 수 있을 것이다.

98 | 요셉의 언약 신앙
(창 50:22~26)

서론

본문은 창세기의 마지막이다. 어떤 책이든지 마지막은 결론이다. 창세기의 결론은 무엇인가? 바로 언약이다. 언약을 잊지 않으면 축복이고, 잊으면 고통이라는 등식의 결론이다. 요셉이 죽으면서도 절대 놓치지 않은 것이 언약이다.

언약의 요셉은 110세를 살았다. 그리고 에브라임의 자손 3대를 보았다. 요셉은 이 땅에서 인도하여 가나안 땅으로 가게 하실 것을 형제들에게 말했고, 또한 이스라엘 백성들에게는 자신의 유골까지도 가나안에 묻어줄 것을 유언했다.

1. 요셉에게 전달된 언약

(1) 아브라함이 받은 언약

(2) 이삭에게 전달된 언약

(3) 야곱에게 전달된 언약

(4) 요셉에게 전달된 언약

2. 죽을 때까지 절대 잊지 않은 언약

(1) 이삭이 절대 놓치지 않은 언약

(2) 야곱이 절대 놓치지 않은 언약

(3) 요셉도 죽으면서까지 가나안을 잊지 않았다.

3. 우리 자녀들에게 전달해야 할 언약

(1) 인간의 문제와 사탄의 전략

(2) 사탄의 권세를 완전히 무너뜨릴 예수의 권세

(3) 예수의 권세를 세계에 전달해야 할 제자

(4) 예수와 함께 하는 삶

(5) 절대로 이루어질 예수님의 재림

(6) 영원한 천국의 소망

결론

창세기의 결론은 절대적 언약의 전달자이다. 이 시대의 결론은 그리스도와 재림이다.

체험과 누림 그리고 전달, 세계복음화와 영원한 천국을 놓치지 말자.

복음적 관점에서 본 창세기

1판 인쇄일 2016년 12월 2일
1쇄 발행일 2016년 12월 7일

지은이 _ 이성배
펴낸이 _ 한치호
펴낸곳 _ 종려가지
등　록 _ 제311-2014-000013호(2014. 3. 20)
주　소 _ 서울특별시 은평구 은평로 14길, 9-5
전화 02. 359. 9657
디자인 _ 표지 이순옥 / 본문 구본일
제　작 _ 어시스트 강진오
제작대행 세줄기획(이명수) 전화 02. 2265. 3749
영업(총판) 일오삼(민태근)
전화 02 964. 6993, 팩스: 02. 2208. 0153

값 13,000 원

ISBN 979-11-952561-12-3 03230

잘못 만들어진 책은 구입하신 서점에서 바꾸어 드립니다.
책의 주문 및 영업에 대한 문의는 영업대행으로 해주십시오.
문서사역에 대한 질문은 010. 3738. 5307로 해주십시오.

* 이성배 목사 010-5138-4645